書文化九讲

来新夏 著

山西出版传媒集团 三晋出版社

一九六二年八月二日至九日，温度在三十以上，自晨至夜，摇以苏叟之《苏州画书

錄专刊（一九三二年第三、四期）所载叶德辉著《书目答问斠補》全文，雖

附黏背泪与影有所淆，东云快哉！遇承此瑗，心胸為之豁然乎

久之，翌日即归还該刊於藏者北京昌书馆，侵暇當再過録

郤次公及劉明楊誥氏校本。　　　　　　新夏識於東郊寓所

三年八月中旬承郤次公批語　九月上旬補录思短律三律題九月下旬過录新抄楊批語識于

一九七八年元旦又偶得此原分補正除郤剡已有外，又录高氏及李宣批語，歷時二日。

新夏識於西南村寓所

来新夏先生像

再版前言

　　本书作者来新夏先生,出身萧山名门,受业于学界大家陈垣、范文澜、启功等先生门下,是当今著作等身、桃李遍天下的鸿学通儒。先生治史学六十余年,尤精于古籍版本目录学,有《古典目录学》、《中国图书事业史》、《〈书目答问〉汇补》、《近三百年人物年谱知见录》(增订本)等名著行世。二〇〇五年,应本社之邀,先生撰《书文化的传承》一书,以浅近语言述古籍文化之传承,是大家所作之古籍通俗读物,不二年即售罄。近年来,国学复兴,古籍收藏炽热,各地读者索要者甚多,再版此书,恰逢其时,故征得先生同意,易名为《书文化九讲》,以符分专题讲述书文化之意也。

　　再版之际,先生以老健之笔为本书题写书名,寄寓弘扬国学之殷殷情意,在此谨表谢忱。二〇一二年,是来新夏先生九十初度之岁,谨以此书表示祝贺,并祝愿先生学术之树长青。

三晋出版社

二〇一一年十一月

序　言

中华传统文化源远流长,其遗留与积存,为数极夥;但是,这样丰厚的历史遗产,究竟是怎样传递下来的?

中华文化的传递,在正式图书出现以前,除最初的口耳相传外,就靠物件来帮助记事。记事的方式可分两个阶段:一是文字产生前所采用的结绳、契刻和图画,以实物和形象来记录,可是这类物件传递起来有一定的困难,也有一定的误差;二是自文字产生后,便以甲骨、钟鼎和石鼓为载体,用文字记事来保存和传递,给传递文化带来很大的方便,但这些物件仍然缺乏广泛流通的重要功能,而只有简书的出现,才最后满足了传统文化的流通与传递的需要。

简书是中国的正式图书的开端,虽然有商已有简册的文献记载,但尚未发现实物。迄今所知,最早的竹木简书出现于周秦时期。其后历经帛书和纸书等载体的相承和交错阶段。它们承担了两千多年来中华文化薪火相传的主要职责,也显示了在这漫长行程中传统文化传递的发展轨迹。中国图书的最早载体是竹木,从出土文物中可以看到周秦简书的实物。这些竹木载体,需要经过成套的去湿防蠹的炮制程序,然后方能成为记录知识和书写事务的专用载体。我们的先人就用这些专用载体记录和书写着政府法令、学者论述、大事记要和医方书牍等等,直到晋时才明令停止竹木简牍的使用而改用纸。比竹木晚一些使用的专载体是缣帛这类丝织品。缣帛书是中国图书发展的中间阶段。它与简书、纸书上下交错。

纸的发明、改良和纸书的流通,使中国传统文化的传递,得到廉价而可靠的依托。这对世界文化的发展提供了重要的物资前提,而在世界文化史和发明史上也占有一定的地位。

唐以前的中国图书主要是手写纸本,唐以后由于新的印刷工艺出现,加速了传统文化的传递和传播,唐的雕版、宋的活字和明的套印,是中国文化传递中印刷工艺发展的三个重要里程碑。纸书和印刷术的发明与发展,使中国文化的保存和传递获得了便利与推动。

图书的装帧也随着保护和求美的要求而日益完善和方便。简书开始使用卷轴,帛书在卷轴外有折叠式的方册,纸书除继续部分地使用卷轴外,大部分都采用册页,从而先后出现了经折、龙鳞、蝴蝶、包背和线装等不同型式。这些不同型式,不仅有保护图书的作用,还有极高的工艺价值,为后世所珍藏。

中国文化遗产丰富,在手写简书时代,已有"学富五车"、"积如丘山"的称誉。保护这些财富主要靠官藏,历代官府都有藏书处所和相应的管理机构。如汉朝"外则有太常、太史、博士之藏;内则有延阁、广内、秘室之府"。清朝的南北七阁至今犹可考见规模。私家藏书唐宋以来日盛,唐代李泌已是"插架三万轴"的私人藏书家。藏书事业的发展,使纸张、印章、款式、装帧、版本各方面,都相应有所改进,从而开拓了文化传递更完善的途径。距今四百多年的明代范氏天一阁是世界上现存最早的私人藏书楼,它的规制和管理办法至今啧啧人口。其他藩府、地方衙署、书院和寺庙,也都有专藏。所有这些,自然地形成一整套藏书体系,它保证了中国传统文化的传递功能,使之处于一种相对稳定的局面。

大量传承积累的传统文化遗产依托于图书,如果图书不加部分类次,则既不便保存、流传和传递,又不利于继承和使用。所以,历代王朝都对图书实施一套收集、整理、编目、典藏等措施。其中整理编目是很重要的环节,而分类又是整理编目的基础。中国的图书分类建基于学术分类,在《左传》中曾记有楚灵王称赞他的大臣有"三坟、五典、八索、九丘"的学识，而孟子所说的"儒分为八，墨离为三"则表示大类下的分目。秦朝的图书，据知至少有国史、诗、书、百家语、医药、卜筮、种树、法令等八类。汉朝由于积极求书，所以国家藏书量激增，汉武帝时已有"积如丘山"的感慨。汉成帝更于河平三年（前26年）进行过一次大规模地全面整理图书工作，派著名学者刘向主持。刘向第一次提出图书分类的六分法，即按六艺、诸子、诗赋、兵书、数术、方技，分为六大类。在整理过程中，刘向与其子刘歆共同先后完成的《别录》和《七略》是中国最早的提要目录和分类目录，比西方的图书分类法早千余年。后来又出现过四分、五分和七分等分类法。唐初修《隋书·经籍志》始正式确定了经史子集四部分类，一直为后世所沿用。

　　传递传统文化的主要目的，在于流通与传播。中国图书在国内的流通开始很早。官藏从秦汉以来，一直进行有限制的开放，在特定范围内流通；私藏则往往通过赠与、借阅和传抄等形式流通，至于作为商品上市，则从东汉已开始有书肆的记载。历代亦都有书坊、书铺和书贩，承担着国内的流通任务，而更值得重视的是域外流通。域外流通使中华传统文化得以流布四方。周边的地区和国家来求书购书的已多见记载。日本在八世纪所编的《日本国现在书目录》就记载唐时日本已收有汉文图书近两千种，其中包括医学、诗歌、礼仪、历书、科技等内容。朝鲜亦曾派人来中国搜购白居易和张鹫的诗文。明永乐时，郑和多次奉命出使东南亚和东非，赠送图书器物，宣扬中华文化，更是震烁古今的盛举。这对友邦国家和友邻地区的社会生活和科学文化的发展都有重要的影响。

　　为了使国人能通过阅读图书，世代相传地继承和吸取丰富的传统文化遗产，首先要识字和掌握最基本的文化知识。于是从秦汉以来，逐渐形成一套较完整的启蒙读物，承担传递和灌输传统文化知识的任务，在幼童中进行文化奠基工作，称为幼学。这些启蒙读物最普遍流行的就是人们通常所说的"三百千"和杂字等等。这些启蒙读物，在过去的时代，几乎有百分之八九十的人，从中接受识字教育和文化基础知识教育。在完成蒙学教育之后有些人便开始接触以儒学思想为主的各种学识，进而浏览涉猎于传统文化主要交汇点的经史子集之类的图书，以吸取和传递传统文化。

作为传统文化主要依托的图书，其数量随着社会、经济、文化的不断发展而日益增加。这对弘扬和传递传统文化，固然起到了重要作用，但给收藏、省览和翻检却带来不可避免的困难。于是从魏晋以来，就出现了类书、丛书等图书再编纂活动。首先出现的是编纂资料汇编式的类书，最早的类书是魏文帝曹丕组织编写的《皇览》。这部八百余万字的大书，虽全书已佚，但却开启后世官修大书之端。这一编纂方法，对收藏、利用、保存、传递传统文化有重要作用，并在某些方面具有百科全书的性质。以后，梁有《寿光书苑》；北齐有《修文殿御览》；唐有《艺文类聚》、《群书治要》；而宋的《太平御览》、《册府元龟》，则是千卷大书；明有《永乐大典》；清有《古今图书集成》，篇帙更多达一二万卷。丛书为群书之府，南北朝时的汇集地记，和宋初的编纂佛藏等属于专科性丛书，而宋代的《儒学警悟》和《百川学海》则属于综合性丛书。明、清两代丛书的编纂，无论数量，还是质量，都超越前代。尤其是清乾隆时所编纂的《四库全书》更为突出。它不仅丰富了国家藏书的复本量，并对中国两千多年封建时期的文化遗产进行了一次系统的整理与总括。虽然为了维护和加强其统治的政治目的而对中国传统文化遗产有所损伤，但它对中国传统文化的保存和传递，仍具有重要的历史价值。

当然，作为传递中华传统文化主要依托的图书，它的流传行程并非一帆风顺而毫无艰险的。秦始皇焚书就是统治者摧残传统文化的恶例，历代的兵火战乱和改朝换代，也都给图书带来了厄运，因而前代学者有五厄、十厄的概括，以至清代在编纂《四库全书》之际，对有损其统治的图书制造较多的损毁。近代以来，外而强敌入侵，内而战乱频仍，使大量图书遭到灾难，造成无可估量的损失，对中华传统文化的传递，产生了极大的消极作用。

中华传统文化依托图书而得以世代传递，这对推动中华文化的发展，启迪人民的智慧和开展各国间的文化交流诸方面，都发挥着极为重要的作用，具有不容忽视的重大历史价值，可以毫无愧色地屹立于世界文化之林。可惜的是，人们对这方面的知识知之较少或知之不深，以致引起我对这方面的有关问题多所关注。从上世纪八九十年代以来，我在和自己的学生及一些青年小友谈及学问时，常常围绕这方面的问题，发表片段的看法和想法。他们都希望我能有条理地讲讲，一九九一年，我就把历年谈话记录分篇整理成名为《薪传篇》的小册子，来揭示中华传统文化薪火相传的途径。同年到日本讲学，又改题作《中华传统文化的传递》，向日本几所大学的院生作连续性的讲座，并写成讲义。二〇〇三年，我将这份讲义略作修改后，作为我所著《古籍整理讲义》的附录。二〇〇四年春，我向天津图书馆古籍研究生班再一次讲授这一专题。二〇〇五年春，我应天津电视台之邀，在该台的科学教育栏目，参用这份讲义，作了连续性播讲，并插入一些图片，以帮助对文字的内容有更真切的了解，得到听众的良好反映。不久，山西古籍出版社总编辑张继红来津寓见访，他很欣赏这个讲义内容，希望我重加编订，增加插图，于是，写成《书文化的传承》(插图本)一书。我与继红有多年交往，过去又有爽约的文稿欠账，所以答应下来，便重加增删订补，插入百余幅随文图片，编订为如下各篇：

第一讲：口传与记事

第二讲：简牍与帛书

第三讲：纸和纸书

第四讲：雕版·活字·套印

第五讲：典藏与整理

第六讲：流通与传播

第七讲：幼学教育

第八讲：经、史、子、集

第九讲：图书的再编纂

　　结语

　　各篇内容，皆有所据，而语言则出之以浅近，以便初学入门者阅读。所述虽未能概括完整，但对一般读者，大致可以满足需要了。全书插图多采自《中国版刻图录》、《中华古文明大图集》和有关专著及国家图书馆、天津图书馆、南开大学图书馆所藏善本书，未一一注明，一并在此致谢。至于全书的设想和论述是否恰当，则有待于读者的评判。

来新夏

　　二〇〇五年八月，暑热近四十度，挥汗写于南开大学邃谷

　　　　　　　二〇〇六年一月，再次修改定稿

书文化九讲

目 录

第一讲　口传与记事

（一）远古的口耳相传

伏羲图

在文字产生以前，人们要想表达自己的思想，交流经验，只有依靠语言。但是，语言只是人嘴里发出的声音，既不能传到很远的地方，也不能永久地保存下来，所以一些比较聪明的人，把他们的经验和知识，用概括、凝练、便于记忆的语言编成歌谣、口诀和故事等等，教人逐字逐句地记住，需要时便背诵出来。这样，一传十，十传百，彼此相告，就可以传到很远的地方；上代传给下代，下代再传给下一代，代代相传，又可以传得很久，这就是"传说"。通过传说，此地方的人可以了解彼地方人的情况，后人能够知道前人的思想和生活情况。我们现在关于远古的一些知识，多半是靠着传说流传下来的，例如伏羲氏创制八卦，女娲氏炼石补天，燧人氏钻木取火，有巢氏教民筑屋，神农氏尝药医病以及大禹治水等等。世界著名的希腊史诗《伊里亚特》和《奥德赛》，也是靠这种方法流传下来的。

传说是靠口耳相传的，它根基于人们的记忆力，可是人的记忆力毕竟不是录音机，能将别人讲的话原封不动地录制下来。在相互传述的过程中，人们又往往会遗忘一点儿，或是增加一点儿。因此，一件事情，经过若干人的口传之后，就会变得离原样很远，它的真实性自然会受到很大的损害。这就是我们不能完全相信古代传说的一个主要原因。

(二)结绳、契刻和图画

古人为了弥补记忆力靠不住这个缺陷，就想出了许多帮助记忆的办法。根据文献记载，我国古代在文字产生以前曾采用实物和形象的记事方式来传递文化，这就是结绳、契刻和图画。

所谓"结绳"，就是绳子打成大大小小，各式各样的结子。人们看到结子的大小、多少和位置，就可以想起每个结所代表的事情。用它传递信息，其他部落的人就能明白打结人的意思。我国远古时代的确流行过这种方法，如汉朝学者郑玄在《周易注》中曾说："古者无文字，结绳为约。事大，大结其绳；事小，小结其绳。"《说文解字·序》中说："神农氏结绳为治，而统其事。"把这种记事方法的创造归功

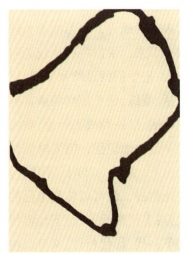

结绳记事

于传说中的神农氏，只能说是一种传说的推测，倒不如《周易·系辞》中："上古结绳而治，后世圣人易之为书契"恰当。这种记事方法在我国历史上早已不使用，所以很难知道当时怎样结法，也不知道它们都代表什么意义。可是，在我国一些兄弟民族中，有过结绳或类似结绳的风俗，例如台湾的高山族曾结草为约，云南的哈尼族曾结绳进行贸易。在外国，如波斯人、秘鲁人，也都使用过结绳记事。

仰韶文化契刻符号

结绳的作用，在于它和人们的思想联系起来了。它既可以保存，又可以传递，所以，结绳能够成为交流思想的工具。

除了结绳，我国古代还采用过"契刻"的方式来传递文化。"刻"是雕刻，"契"是什么？有人说是木版，有人说是骨版。无论木版或骨版，大概是一种能够在上面刻画符号、帮助记忆的材料。据唐兰的《中国文字学》说：安特生在甘肃西宁仰韶遗址发现刻画过的骨板，就是古代的骨契。其中，周家寨出土的两个骨契上的线条，很像古文字的"五"和"六"两字，大概是模仿结绳刻上去的。这种记事方法在我国历史上也早已不使用了，自然，我们不能详细知道在那上面刻画了些什么和怎样刻画；但我国云南傣族人曾采用过这种记事方法，云南省博物馆曾收集到傣族的一根传代木刻。木刻两侧刻着许多刻口，每一刻口代表着一桩事情。据介绍，他们每年在第一次吃新米的时候，把全村人召集在一起，然后拿出这根木刻，由一位年老的人讲述每一刻口所代表的事件，从而，本村的历史就这样传递下去。这是古代传播知识的一个典型方式的遗留。

用图画传递信息，较之结绳、契刻更形象易懂。远古的人很早就会绘画。他们由于劳动生产的需要，常把周围环境中和与生活有密切关系的事物,画在他们所住的洞穴石壁上,现代考古已经发现了旧石器时代的人类在洞壁上的绘画。这些壁画都非常生动逼真,使人一看就知道是什么意思。譬如要约人去打猎,就画出一头鹿或一头野牛和一个手持弓箭的人,作为信件通知其他的人。这样,图画就起到了交流思想的作用。起初,人们要把表达的意思画得细致精确;后来,人们习惯了这些图画,只要用几根线条组织成一个大概的轮廓,也就可以使人知道了绘画者的意图。这样,图画就逐渐脱离了具体事物的描绘,变为事物一般意识的代表,人们以称呼其所代表的东西的名字来称它,这就使得图画和语言结合起来,成为交流思想的重要工具。这就是最早的文字。这种文字一般称为图画文字或图形文字。我们的汉字,主要是按照这一线索发展出来的。

(三)汉字的产生

文字的产生,是出于人们社会生活的需要而逐步创造的,它是社会发展到一定阶段的产物,是经过漫长时期而产生的,汉字当然也不例外。

当人类进入阶级社会以后,便产生了国家。随着社会条件的成熟,使一部分人能够脱离体力劳动而专门从事脑力劳动。脑体的分工,促进了

刻符陶片

半坡遗址记号陶文

社会生产力和科学技术的发展,那些专门从事脑力劳动的人,便有可能把图形文字整理成文字体系。中国从夏代,大约公元前二十一世纪开始进入阶级社会。虽然夏代的文字至今没有发现,但是,从我国原始社会后期的西安半坡仰韶文化和山东历城龙山文化遗址中,曾出土过带有动物图形的各种符号的彩陶。这些图形和符号,如果是原始文字的话,那么,从那时算起,到夏朝时期,形成文字体系的可能性是很大的。又因为商朝的文字——甲骨文,是一种比较成熟的文字,它绝不可能是从商朝才开始有的,也绝不可能全是商人造出来的,在它之前一定还有更原始的文字,只不过这种文字目前还没有被发现罢了。所以,夏朝很可能已有正式文字了。因此,我们可以说,汉字至今已有四千多年的历史了。

关于汉字的产生,在我国古文献的记载中,有过种种说法,如《易经·系辞下·传》中有一句"上古结绳以治,后世圣人易之以书契"的话,这是说文字产生在结绳之后,但没有确切指出文字产生的时期和文字是由谁创造的。后来,有人把它归之于个人的创造。例如:西汉初年的学者孔安国把文字归于伏羲所造。但是,在《韩非子》、《淮南子》和《说文解字》中,都认为文字是由另一个传说人物仓颉造的。其实,无论是伏羲造字或者仓颉造字,都是难以置信的,因为文字不可能是由某一个人忽然发明的,它是劳动人民在长期的生产过程中逐渐创造出来的。

目前我们所能见到的最早较完整的汉字，是商朝的甲骨文。它是公元前十三四世纪时遗留下来刻在龟甲和兽骨上的文字，所使用的单字达四千六百多个，形声字占有一定的比例，并且已使用了假借字，这说明，甲骨文已是相当成熟的文字了。

文字的发明和应用，使人类能直接记录语言，表达抽象的思想，打破了时间和空间的约束，而将知识和思想准确、广泛地传播开来。所以，文字是人类进入文明社会的重要标志。

（四）甲骨、钟鼎和石器

中国现存最早的文字材料，是甲骨文，它是商代文字。商代文字种类颇多，已经发现的有刻在石上的石文，刻在陶器上的陶文，铸在青铜器上的金文，以及刻在甲骨上的甲骨文，在已发现的各种文字中，以甲骨文为主。

甲，就是龟甲。甲文是在龟的腹甲上契刻的文字（也有少数刻在背甲

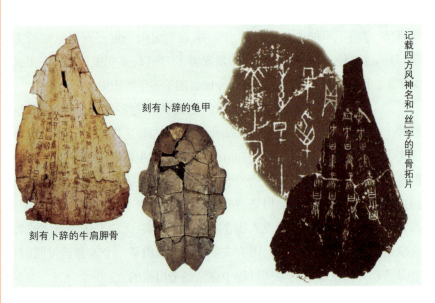

刻有卜辞的龟甲

记载四方风神名和『丝』字的甲骨拓片

刻有卜辞的牛肩胛骨

上的）。骨，就是兽骨，主要的有牛
胛骨和鹿头骨。骨文是刻在牛胛
骨和鹿头骨上的文字。甲骨文就
是刻在龟甲和兽骨上的文字。它
于一八九九年在河南省安阳县小
屯村出土。这一带是商代从盘庚
以后的首都。自盘庚迁此，直至商
朝灭亡，为时二百七十余年。因其
首都名殷，所以，商朝又称作殷
朝。商朝灭亡后，它的首都沦为废
墟，因此，又称安阳小屯一带为殷
墟，从此地出土的甲骨文又别称
为殷墟书契。又因为这些甲骨，是
殷人用以占卜的遗物，刻在上面
的文字，也就是殷人占卜的记录，
所以甲骨文别称殷代卜辞。

记载赏赐内容的甲骨文

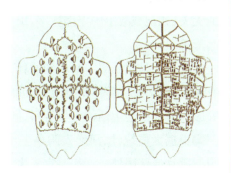

甲骨施凿、施钻示意图

　　起初，人们以为这些甲骨是"龙
骨"，就把它们卖给了药店。所谓龙骨，本是一味中药，它是埋藏在地下的
古代动物的骨头，有滋精补肾的功能，后被一个叫做王懿荣的清末学者
发现，认定这是一种珍贵的古代文物，才开始有意识地收集。其后，经过
一些学者如孙诒让、罗振玉、王国维等人的研究，才确定是商代的一种文
字材料。

　　商王朝距今三千多年了，它是一个相当发达的奴隶社会。商人十分
迷信，他们认为生活中的一切，都得听命于上帝，都得按鬼神的意旨办
事。因此，事无大小，必须占卜。占卜的内容包括祭祀、征伐、田猎、年景、
疾病、出入、风雨，以及卜旬（十日之内有无祸事）、卜夕（当天夜里有无灾
祸）等等。甚至妇女分娩生男生女都要占卜，主持这种事务的专职人员称

之为占人或卜人。占卜时用的龟甲或兽骨,以龟甲居多,故名龟卜。据说,占卜之前,先将龟解剖,取下腹甲,涂以牛血,这叫"衅龟",然后再将甲刮磨,使它平滑光洁。

占卜的方法是把事先整治好的甲骨钻一圆孔,凿一长槽,然后用火烧灼,钻凿过的地方经火灼后,自然裂成不同的纹路,占人据此确定吉凶,决定事情是否当做,最后把占卜的结果,包括占卜时间、卜人名字、所问事情、事后的应验等等,刻在纹路的附近,这就是甲骨文。甲骨文就是当时占卜的记录。

甲骨文除卜辞外,还有记事刻辞。所谓"记事",有的与卜辞有关,有的无关,如记载战争中俘虏数字,田猎时所获多少以及方国、臣下进贡物品等等。

甲骨文是用金属刀具或别的什么工具刻在龟甲兽骨上的,目前还没有确定;但甲骨文字体十分美观,或峭拔苍劲,或秀丽多姿。它不仅是研究殷商时代社会生活的宝贵资料,同时又是极其珍贵的艺术品。

根据大概统计,河南安阳小屯出土的甲骨有二十多万片,其中有两至三万片流落国外。据胡厚宣先生一九八四年统计,在国内外和港台地区收藏的甲骨共十五万四千六百多片。甲骨文不重复的字有四千六百多个,已识的字在一千五百个左右。我国第一部著录甲骨文的书,是一九〇三年由刘鹗拓印的《铁云藏龟》。以后陆续拓印、摹印、影印出版了三十多种,其中《甲骨文合编》是一部集大成的著作,有图版、释文、多项索引和有关图表,共十三巨册。

文字产生以后,另一种记事载体是钟鼎。所谓"钟鼎",是对古代青铜器的通称。古代有些重要的文献记录,为了传之久远,不致朽烂,就在青铜器上刻辞,以便传于后世。这在我国古文献中屡有记载,如《墨子·鲁问篇》中说:"书之于竹帛,镂之于金石,以为铭于钟鼎,传遗后世子孙。"

青铜器绝大部分是古代统治者日常生活中所享用的礼器。一般乐器有钟;食器有鼎、鬲、敦、簠;饮器有尊、彝、壶、爵;盥洗器有盘、匜。这些礼器中,以钟和鼎为最大,上面多半有文字,所以,人们称这上面的文字为"钟鼎文"或"金文",又因为这些文字是铸(或刻)在上面的,所以,又称为"铭文"。

青铜器是用铜锡合金铸成的器具,它的发现是人类文化史上划时代的标志之一,证明人类已从新石器时代进入了青铜器时代——大约是在商代。它出现不久就有人开始在上面刻上名字或其他符号,以明归属。后来,文字渐渐加长,变为纪念性短文,或者说明作器的原因,或者说明作器的用途和作器人。再后来,便将需要长期保存的重要文献也铸(或刻)在青铜器上。如春秋时期的郑国,在公元前五三六年将刑罚条文铸在鼎上,晋国也曾于公元前五一三年将范宣子所作的《刑书》,即刑罚条文铸为刑鼎。因此,青铜器上的文字由一两个字逐渐发展到几百字。从这些文字记录中,我们可以得到关于当时的许多历史知识。

在青铜器上刻字这种风气,一直沿用到西汉时期,从传递文化的角度讲,最重要的是周朝到战国时期的青铜器,因为这时期的青铜器,大多刻有文字,有时还很长,对于我们今天研究文化史有重要的价值。如清道光末年在陕西岐山县出土的毛公鼎,就是西周宣王(前827—前782年)

毛公鼎

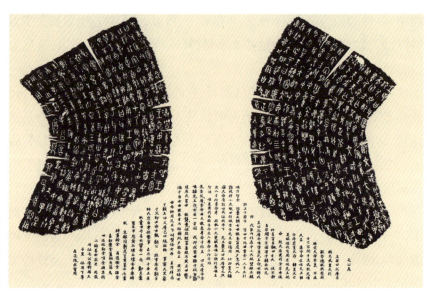

毛公鼎鼎腹铭文

时期铸造的,鼎腹有铭文三十二行,连重文共四百九十九字,是现存铭文最长的青铜器,内容记述了周宣王诰诫和褒赏其臣下毛公之事。又如清乾隆中叶出土的散氏盘,是西周后期的青铜器,有铭文十九行,三百五十字,又名夨人盘,记述夨人将大片田地移付于散氏时所订的契约。上世纪五十年代,陕西扶风的一个窖穴里出土有铭文的青铜器七十四件,其中"史墙盘"铭文二百八十四字。这些文字比甲骨文字成熟程度似乎更高些。

这些青铜器的花纹和形态非常优美,冶金铸造也很考究,是研究古代艺术和工艺的

散氏盘铭文

极宝贵的资料。它们上面的铭文，反映了古代政治、经济等方面的很多情况，是研究我国古代历史的重要材料。

对于青铜器上铭文的研究，我国从宋代开始就成为一门专学，出版的图书也很多。目前收集铭文较多的书籍有罗振玉等编的《三代吉金文存》，陕西考古研究所等编的《陕西出土商周青铜器》。考释方面的专著有郭沫若的《殷周青铜器铭文研究》、《西周金文辞大系》和容庚的《金文论》等。

利簋及其铭文

青铜器本身有其固有的用途，铭文是附加在上面的。所以，青铜器和甲骨一样，虽然可以利用它的铭文，研究古代社会文化，但它本身很难随意移动，还不是正规的图书。

文字产生以后，还有一种载体，就是石器。古人曾努力寻找一切可以书写的材料来记录重要的事情。他们发现，在石头上刻字比在钟鼎上铸（刻）字容易得多，而且也能够多载。所以，刻石就成了保存和传递文化的重要形式之一；《墨子》书中就有"镂于金石"的话。

中国现存最早的刻石是

石鼓文

石鼓文拓片

秦国的石鼓，它是唐朝初年在陕西天兴县（今陕西宝鸡市）出土的。石鼓共有十个，各刻四字诗一首，歌咏秦国国君游猎情况，因而又称为"猎碣"。它的字数最初有六百多个，现在仅存三百二十一字，书体为秦始皇统一文字以前的大篆，历代的学者们对其书法评价很高。经研究，近代学者公认它是秦国的石刻。至于刻于何年，目前尚未确定，多数认为是秦文公时期的遗物，距今已有两千七百多年。

像甲骨、钟鼎一样，石鼓刻辞尽管带有文学色彩，但它的主要目的不是用来传播文化知识，而是为了纪念或表扬，所以也难以流传。因此，它们也不能算作正规的图书。

此外，古人有用玉版作文字载体的情况。将文字刻于玉版，始于何时，我们已无从知道，但至迟在商朝后期已用玉版为载体来记录事情了。《史记·太史公自序》中说明秦始皇时期，秦朝廷中储藏着不少用玉版记录的档案材料。考古发掘也证实了玉版的存在。一九六五年十二月，在山西侯马晋国遗址中，出土了写有文字的玉片和石片，总数有五千多件，其中三分之一为玉质，三分之二为石质。它们的形状大多是上尖下方，最长

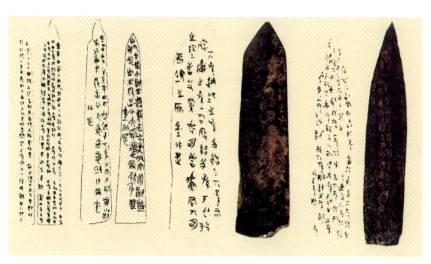

侯马晋国盟书　　温县晋国盟书　　　　　　侯马盟书玉石片

的三十二厘米，宽近四厘米，厚将近一厘米。小型的一般长约十八厘米，宽不到二厘米，有的薄得像纸片。上面的字是用毛笔朱墨文书写的，这是我国春秋后期遗留下来的珍贵文物，是目前所见较早的朱墨文字真迹。由于上面记载的是一种盟誓，同时又出土在侯马，所以叫做"侯马盟书"。经考古学者鉴定，认为它是距今两千五百多年的晋国贵族赵鞅所主的盟约。但它只是档案，而不是正式的图书。

甲骨、钟鼎、石鼓、玉版从严格意义上说，由于不能流动、传播而不能称为正式图书，但它们确是在简牍出现前，发挥过传递和传播文化的重要作用。

第二讲　简牍与帛书

（一）简书及其发现

中国用以传递文化的正式图书的最早载体材料是竹和木。一般来说，以竹为载体的称简策，以木为载体的称版牍，但也有以木作简称木简的。简策多用于写法令、著作，版牍多用来写信或绘图。由于人们寻求到竹木这类价廉便用的载体，正式图书得以出现，文化的传递也步入了正常的轨道，且逐步向前发展。

简策与版牍究竟从何时开始使用？据《尚书·多士篇》周公对殷的贵族说："惟殷先人，有册有典。"则殷商时不仅有竹简编成的册（策），还有解释作"大册"的典。可是现在无实物作证，对简策的解释还有不同说法，所以至多把它们认作是正式图书出现前的先驱形式。孔子的孙子子思所写《礼记·中庸》中有"文武之政，布在方策"的话。唐朝孔颖达解释方策是"方牍简策"。宋朝朱熹解释："方，板也；策，简也。"这可以解释为一块木版称"版"，写了字的版称"牍"，一尺见方的牍称"方"，一支竹片称"简"，许多简连在一起称"策"。简策亦称简册或简书。

《中庸》所记说明周初文王、武王时已把他们的政事、政令记述在以木为载体的方版上成为文牍（官方公文），同时也记载在竹简上，并把连续记事的简编联成策（册）。如果《中庸》所记可信的话，那么简策版牍至少在周朝初年已被官方所使用。公元前五二七年，周襄王曾对晋大夫籍谈说到籍谈九世祖孙伯黡（yǎn）因管理典籍，所以他的后人便由此而姓籍氏，籍是簿书，从竹字头，可见当时已用竹作书写材料，如从籍谈上推九世，则应是公元前八百年左右，即西周中期，可见西周中期也已用简策，但由于至今未发现春秋以前的简策实物，遂难以肯定西周中期开始利用简策的具体情况。

　　根据史书记载，战国时期（前481—前221年）的简策曾被发现过。如汉武帝时，鲁恭王在曲阜修建宫室，在拆除孔子的旧宅墙壁时，发现一批简书，包括《古文尚书》、《论语》和《孝经》等，用蝌蚪文或篆书写在竹简上，每支简上有二十字至二十

内蒙古居延出土的汉代木简

五字。晋武帝太康二年（281年），河南汲郡人不準在盗发魏襄王（或作安釐王）墓时，得竹书数十车，大都是古代的重要史料，有《竹书纪年》、《穆天子传》等十六种七十五篇（卷），都是秦汉以来失传的书，引起晋朝廷的重视，把这批竹书交由著名学者荀勖等主持整理、编次，列入朝廷的官藏目录。后世称这批发掘出来的简书为汲冢书。南齐高帝建元元年（479年），襄阳地区盗发相传是楚昭王墓的古冢，其中有竹简书，宽数分，长二尺，以蝌蚪文书写。这些发现的简书都是战国或更早些时候的遗物，可惜它们只见于文献记载，而无实物作证。

　　二十世纪五十年代以来，从地下发现大量战国及秦的竹简，较重要的有三次：

《孙子兵法》竹简

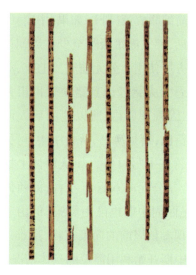

《孙膑兵法》残简

云梦睡虎地秦简·编年记

一是一九五三年七月,在湖南长沙南门外仰天湖古墓中,发现竹简四十二支。最长的二十二厘米,墨书,篆文,每简一行,有二字至十余字不等。根据一同出土的其他文物来鉴定,这批竹简确是战国时的遗物。

二是一九七二年山东临沂银雀山发现的《孙子兵法》和《孙膑兵法》等竹简,有五千枚之多,显然也是战国时代遗物。一九七五年一月,文物出版社出版了经过整理编辑的《银雀山汉墓竹简》(壹),内容包括这两种兵法的图版、摹本、释文及诠释。

三是一九七五年十二月湖北云梦

睡虎地秦墓中，出土竹简千余枚，内容包括南郡守腾文书、大事记、为吏之道及律文等。据专家研究，这批竹简应是始皇三十年（前217年）入土的。在十四支《南郡守腾文书》中记载着秦王政二十年（前227年）四月初二日，南郡守腾发给本郡各县道的一篇关于让人们守法去恶的文告，并要求立即下发到各曹，如属曹不受命，即向郡报告，由郡官进行责处。五十一支的《为吏之道》，上下分五栏抄写，内容多为官吏常用的词语，推测是为学习作吏的人使用的识字课本，以四字为句，便于记忆。在五十三支《大事记》木简上记载了自秦昭王元年（前306年）至始皇三十年共九十年间的大事，均按年系事，一年不缺，有些内容可补正《史记》的记载，足见其价值之高。

由于这几批竹简的出土，人们可以亲眼看到战国时竹简的实物形制。这些竹简无疑是现在所能见到的最早的正式图书，从而证明两千年前中国文化的传递已有了正式的专用载体，使之流通传播。

（二）简牍制度

竹简并不是直接使用竹的原始状态，而是经过一定的炮制过程，即先将竹截成一定长度，再剖成一定宽度，成为一支支的简，又经过火烤脱水以防朽蠹，这种技术处理称为"杀青"或"汗青"，然后便成为可以写字的书写材料。每支简长的有二尺四寸左右，用来写重要书籍，如儒家经典和朝廷法令，以示尊敬。由于战国时有以八寸为一尺的，二尺四寸简可视作三尺，上写法律条文，所以古代称法律为"三尺法"。短简约八九寸，用来写次要书籍如子书和传记等，以便翻阅。东汉学者王充在所著《论衡》中所说"大者为经，小者传记"，就指此事。

简书上的字，过去有一种误解，人们认为既是竹木材料，那就是用刀刻或用漆书写的。但从实物考察，简上的字却是用毛笔和黑墨写的。所谓"漆书"的"漆"，不是名词的"漆"，而是形容其黑如漆，至于刀则是用来刊改误字的，类似现在橡皮的作用。一般每支竹简自上而下写二十或四十多个字。云梦发现的《日书》甲种竹简上，正反两面都写字，还配有图画。《为吏之道》则分上下五栏书写。

竹简是单支的，每支简上不可能写很多字，一个文件或一篇文章往往需要写许多支简，于是就要把简依次排列起来，这个动作就叫做"编"。编连有序的简用二道、三道，甚至五道丝绳或麻绳连成"册（策）"。这成册的简以末简为中轴，从左向右卷成一卷来保存，这就是一卷书，称"卷"。故而"卷"成为图书的单位名称，一直沿用下来。据报道，马王堆汉墓、睡虎地秦墓、凤凰山汉墓里的简出土时都是"卷"的形式。

用木材作书写材料时，先将其锯成段，再分成片，然后把横断面刮削使之平滑，成为"版"。"版"有不同规格，凡汉三尺长的称"椠"，二尺长的称"檄"，一尺长的称"牍"。版的宽度一般是长的三分之一。也有长度相同的称为"方"。有的宽度很狭，只能写一行字的称"札"，也就是木简。汉代

封泥

书文化九讲

比较普遍地使用木简。一尺见方的牍一般用来写信，所以过去把信札称"尺牍"。在牍的外面加一块空白的"版"叫做"检"是，用来掩盖有字迹的牍，对内容起保密作用。把一叠版牍捆在一起以免散乱的行为叫"约"。在"检"上签上名字叫"署"。在"检"的中间有一块微凹的小方空叫"函"，所以后世把信件称为"函"。捆版牍的绳子在"函"处打结，用泥封上，加盖印章，以免别人偷拆，这种行动叫"封"，也称"泥封"，这块泥就称"封泥"。所以后世把"封"作为信件的计量单位。版用来写字称为"牍"，用来画图表仍称"版"，国家用"版"来画疆域，所以后世称领土为"版图"，地方上用"版"来登记户口，称为"户版"，所以户口册也称"版籍"。战国时期使用木简较少，据出土文物考察，仅见于四川省青川县的战国墓中有两件，记载着公元前三〇九年秦武王命令丞相甘茂修改田律的内容。木简在战国时可能使用较少，后来由于加工制作比竹简方便，所以使用日广，汉代木简的发现数量就比较多了。

(三)汉简

西汉时期继续使用竹木简牍以传递文化，在古书中多有记载。汉武帝元光元年(前134年)曾命令学者对政务发表意见，并"著之于篇"，要求这些学者以书面发表意见。所谓"著之于篇"的"篇"字，据颜师古注《汉书》说，就是指竹简。汉元帝时掌管京城治安的诸葛丰曾向元帝表示除恶务尽的态度，不惜牺牲生命来诛杀奸臣的头，悬挂在街，并"编书其罪"，这个"编"字指把各支简编连在一起。汉成帝时，中国第一个目录学家刘向曾比较详细地说明竹简的制作程序和整理简书的情况。这些文献记载证明，在西汉时，简书仍是图书的主要形式。

不仅有文献记载，而且从上世纪初以来曾在多处陆续发掘出汉简，如：

一九〇一年在新疆尼雅河流域古楼兰遗址，出土汉木简十九枚。

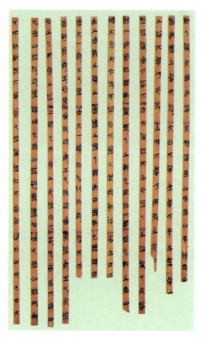

郭店楚简《老子》

一九〇七年在长城故垒附近,发现汉宣帝时木简数百枚。

一九一四年在甘肃敦煌附近,发现汉木简一万余枚。

一九五九年在甘肃武威磨咀子六号西汉墓中,出土竹木简四百九十枚。

一九七二年在山东临沂银雀山二号墓中出土了三十二枚竹简。它们是汉武帝元光元年(前134年)的历谱,这是目前发现最早、最完整的历谱。

一九七二至一九七四年,在甘肃居延地区出土汉简近两万枚,这是中国发现汉简数量最多的一次。

简书对于中华民族文化的保存、传递和奠基诸方面都曾起过重要的作用。它从周秦以来到魏晋时期一直作为主要的图书形制。但是由于简书制作过程繁复,携带传播笨重,收藏占用面积较大,编连容易烂脱遗失,所以,与简策同时并行的还有"帛书"。

书文化九讲

(四)帛书

"帛"是丝织物的总名,所以"帛书"又称"缣书"、"缯书"。"帛书"与"简书"并行使用可从诸子著作中得到证明,如《墨子》中有"书之竹帛",《韩非子》中有"先王寄理于竹帛"、《吕氏春秋》中有"著乎竹帛"等等词句,把竹帛作为并用的书写材料。一九四二年九月,在长沙东郊王家祖山的一座战国时的木椁里发现一件帛画墨书古文字,小楷九百四十八字。文

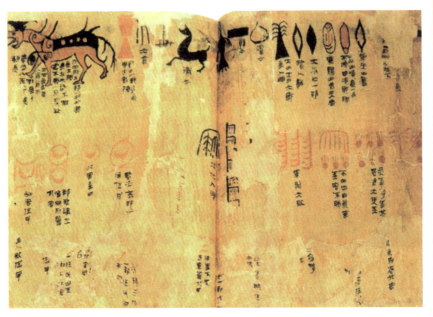

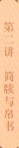

字主要是一些天文禁忌和神话故事，画主要用青、绛、朱三色绘成的各种神怪形象，是一张古老的彩画。据考古专家考证，这是两千三百余年前的遗物，可惜已被美国掠去。这张帛画只能说是一张宣传品，而不能算作图书。

西汉以来，由于帛便于携带使用，舒卷自如，所以继续与竹简并行于世。楚汉战争时，刘邦包围沛城，便在帛上书写宣传内容，射入城中以瓦解守城兵卒。大批帛书实物发现是在一九七四年长沙马王堆三号西汉墓中。当时出土的帛书计有：（一）两种《老子》写本（整理时称为甲乙

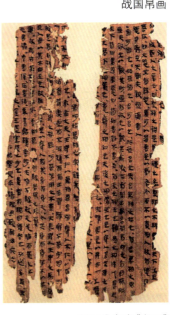

马王堆帛书《老子》

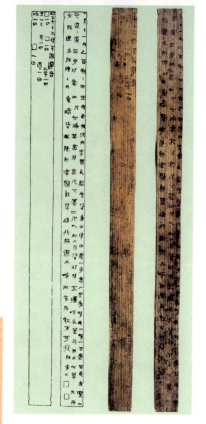

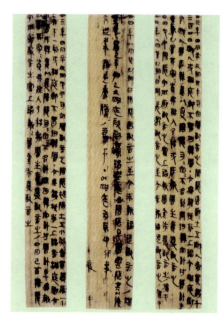

青川木牍

里耶秦简

本）。甲本《老子》后有佚文四篇,乙本《老子》前有佚文四篇;（二）《周易》一部及卷后佚书三篇;（三）与《战国策》有关的书一种;（四）与《左传》类似的佚书一种;（五）关于天文星占的、相马的、医经方的佚书各一种;（六）关于刑德的佚书三种;（七）关于阴阳五行的佚书两种;（八）导引图、驻军图、地图、街坊图各一幅;（九）杂占书一种。这批帛书总共有十二万字,大部分用朱丝栏墨书,字体是篆、隶两种。这批帛书的发现不仅使我们看到"帛书"的实际形态,丰富了中国图书发展历史的内容,而且这些"帛书"既可作为现行图书的校订依据,还可以增加古籍的种量。

东汉时,简牍和帛书仍然是主要的图书形态。光武帝迁都洛阳时,官方收藏简策所写的经书就装运了两千辆车。章帝时曹褒奉命修改西汉初年叔孙通所订《汉仪》,撰成有关礼制一百五十篇,都以二尺四寸简来写,以示尊重。至于简策实物的发现,比较突出的有一九三〇年在甘肃居延地区发现的东汉木简,其中有一部东汉和帝永元五年至七年（93—95

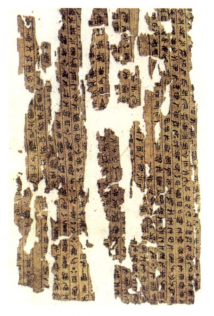

帛书《春秋事语》

年）的兵器簿，又有七十七根木简用二道麻绳编联而成的兵物清册，简上还写有"右破胡燧兵物"字样。一九五〇年甘肃武威的东汉陵墓中所发现的三百余枚木简中有《仪礼》九篇，是现存的简策型儒家经典，以二尺四寸长简书写，每

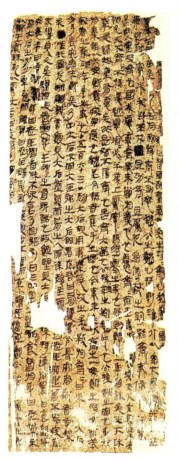

西汉帛书《战国纵横家书》

简写数十字，各简间有顺序编码，这是现存古简中篇幅最长的一种。东汉时，帛书比过去更多地使用，如顺帝时有《太平青领书》一百七十余卷，是"白素、朱介、青首、朱目"的形制：白素是白色的丝绢；朱介是红色打的格子；青首是用青绸子作护首；朱目是红色题签。这部一百七十余卷的大书，每卷是白绸子上打红格，包着青绸子，题着红书名。简书和帛书是当时官府的主要藏书。东汉末年，董卓强迫汉献帝迁都西安时，图书损失严重，简书被烧，帛书大的联结成为车篷，小的做成口袋，可见帛书在全部

图书中占有一定比例。

帛书质地轻软，书写自由，剪裁方便，能绘图制表，所以一直与简书并行使用，但由于帛书造价昂贵，不是一般人所能负担的，所以它始终不能代替竹简而单独流行。即使并行，也被作为贵重文房用品看待。后汉以来，纸开始作为书写材料时，以帛写书仍然存在，不过逐渐作为艺术品，如书法、绘画之类的载体，而不是作为图书的载体了。

由于"帛书"始终未能代替"简书"，所以竹木简牍，一直沿用于魏晋。直到东晋末年，桓玄才在一道命令中正式宣布用纸作书写材料而停止使用简牍。从简牍到缣帛到纸的使用的确是中国图书发展上的一大进步。

简牍虽然已不被作为专门的书写材料，但它的影响却一直传留到后世，在文学作品和成语、口语中，还可以看到简牍的痕迹。宋文天祥有著名诗句："人生自古谁无死，留取丹心照汗青。"其中讲的"汗青"是制简的工序，后世用以代表图籍、史册。作家完成作品称"杀青"，杀青是正式定稿的意思。对敌人累累罪行的控诉说"罄竹难书"，表示用尽许多竹子制作的竹简都写不完。一本书的页和行发生错乱，校勘者称它为"错简"，指明是各支简的次序错乱了。又如过去的八行信纸也是八条简编连在一起的模拟形式。

简书和帛书的地位，随着时代的发展虽然被纸所代替，但它们传递和保持中华文化的功绩是光照后世的。它们的创制和使用反映了中华民族先辈们的聪明智慧。

第三讲 纸和纸书

(一)纸的发明与发现

纸是中国四大发明之一,也是对世界文明的卓越贡献之一。世界各国的造纸术,都是由中国传播出去的,东方的朝鲜、越南和日本晚于中国二三百年,中亚各国晚六七百年,欧洲国家则晚千年左右。纸的发明使文化的传播摆脱了竹简的笨重和缣帛的昂贵而得到了更顺利的流通。这是中国图书事业发展,也是世界图书事业发展史上的一件大事。

根据出土的西汉时期的纸状物或原始形态的纸,说明西汉已经有类似纸的物质。上一世纪以来,在中国的新疆、甘肃、内蒙、陕西等地先后出土过汉纸残片,其中西汉麻纸便出土过四次:

金关纸

马圈湾纸

扶风纸

一是一九三三年，中国西北科学考察团在新疆罗布淖尔（淖尔是湖）汉代烽燧亭故址中掘得一片古纸，长十厘米，宽四厘米，麻质，白色，方块薄片，四周已不完整，纸质粗糙不匀，纸面有麻筋；同时出土的还有黄龙元年（前49年）的木简若干。黄龙是汉宣帝年号，所以这片残纸当是西汉时遗物，可惜，这片西汉麻纸被日本侵华炮火所毁，现幸有照片可查。

二是一九五七年，在陕西西安坝桥砖瓦厂的工地上，发现有西汉武帝时代的遗物，其中有古纸的碎片。经化验证明这是由麻类纤维所造的纸，质地粗厚，外观呈浅黄色，表面有较多的未松散的纤维束，局部有小段双股细麻绳头，帘纹不清，纸上无字，出土时是用来包随葬铜镜的。出土的纸多半已裂成碎片，较大的一片长宽差不多为十厘米。因为这些碎纸是在坝桥发现，所以称它为"坝桥纸"。它是目前考古发掘出来的中国现存最早的"纸"。

三是一九七三至一九七四年甘肃居延考古队在甘肃北额济纳河沿岸居延遗址的肩水金关故地发现两片西汉麻纸。一片已揉成团，十二厘米乘十九厘米，呈白色；同处出土的简牍最晚年代是西汉宣帝甘露二年（前52年）。另一片十一点五厘米乘九厘米，呈暗黄色，质地较粗，含麻筋较多，出土层在汉哀帝建平（前6—前3年）以前。这种被称为"金关纸"的西汉麻纸是中国对古纸的一次重大发现。

四是一九七八年陕西扶风县又发现汉宣帝时期的古纸，质地粗糙，也为麻类纤维所造。

这四次发掘出来的西汉纸，表面上都没有文字，可能由于这些纸质

26

书文化九讲

地粗糙，只能用来包垫东西，而不能作书写材料。但是，西汉时期用麻料制作纸的技术却是今后造纸术发展的起步点。这一创造为中国的造纸术和正式用作书写材料的出现奠定了基础。

随着造纸原料的扩大和选纸技术的逐步改进与推广，到了东汉时期，纸便开始成为可用于写书的书写材料了。汉章帝时曾命令著名学者贾逵研究《左传》，并提出《左传》比《公羊传》和《榖梁传》优越的特点。贾逵分条论述并报告了章帝，章帝很高兴，除赐布五百匹和衣一套外，还要他选取高才生二十人来学习《左传》，发给简书、纸书的《左传》各一种。这是文献中第一次记载简书与纸书并行之始，也可见东汉前期的纸已大有改进，达到能够作书写材料的程度。贾逵的学生崔瑗用纸写了《许子》十卷送给朋友葛元甫，同时还表示歉意。这又证明纸可用来写书，但不如缣帛贵重，所以要向朋友道歉。不过当时纸的产量还不高，所以有人曾用废纸反面写书，以致使人看不清；由于纸的产量不高，所以朝廷中对于纸的使用管理比较严，设立专官掌握，如守官令主管皇帝用纸，尚书右丞主管宫廷用纸。

从考古发现的东汉纸张上面是有字迹的，如一九四二年在内蒙古额纳济河发现了带有字的纸团，化验为植物纤维所造，根据与它同时出土的和帝永元年间（89—105年）的木简推断，这团有字的纸当是永元五年至八年间（93—98年）的纸。一九七三年在甘肃武威旱滩坡工地发现了东汉时代的古纸，纸上写有隶书，经化验也是麻类纤维所造，这是我国现存最早的写有文字的纸。一九七四年在甘肃武威的东汉墓中又发掘出一批带有字迹的东汉纸。这些发现充分证明东汉时期造纸技术已有改进与发展。

（二）蔡伦造纸

纸的概念的出现，用麻类植物纤维造纸技术的产生，都为东汉蔡伦

蔡伦画像

改进纸技术创造了条件。"蔡伦造纸"是相沿已久的传统说法，过去民间的启蒙读物《幼学琼林》中就说"纸乃蔡伦所为"。这个传之既远且广的说法当始于《后汉书·蔡伦传》。《蔡伦传》中说蔡伦"造意"用树皮、麻头、破布、破渔网等造纸，并在汉和帝十七年（105年）把制品上报，得到和帝的赞赏，从此，天下就普遍用纸，而把纸称作"蔡侯纸"。史传中所说的"造意"是指创始而言，所以就有了蔡伦造纸的传统说法。但是这个说法并不十分准确。一是在蔡伦以前就有能写文字的纸，蔡伦只能是改进者，而不是发明者。二是《后汉书·蔡伦传》的史料根据《东观汉纪》中记载是"蔡伦典作尚方作纸，用木皮为纸，名谷纸；故渔网为纸，名网纸"，"麻，名麻纸也"。尚方是一种官职，指少府（掌管山海地泽收入并皇室手工业制造）所属的尚方令。这个职位监督制造宝剑等各种器械，并且主管纸笔墨等用品。典是主管的意思。《东观汉纪》的这段话是说蔡伦任尚方令，主管造纸工作。由于他是主管者，故而所造的纸被称为"蔡侯纸"。

那么蔡伦究竟是个什么样的人，他在造纸事业中的地位应该如何看待呢？

蔡伦，字敬仲，桂阳（今湖南省耒阳县）人，明帝永平末年（75年）入宫当差。章帝时任小黄门达十余年。和帝永元元年（89年）任中常侍，又加位尚书令。安帝元初元年（114年）封为龙亭（今陕西洋县）侯，后为长乐太仆,永宁二年(121年)因卷入宫廷内讧而自杀。蔡伦在宫廷数十年,参与决断国家的机密大事,又很有才干,对造纸事业可能起到改进和推广使用的重要作用。尽管对蔡伦造纸问题还有不同意见,但至少有两点应该肯定:一是他总结和提供了新的造纸原料,即在麻类纤维外,又用树皮作原料;二是他改进和推广了新的造纸技术,总结了剥皮、沤烂、熏煮、春捣、漂白等一套新工艺。由于有了这些改革,便为中国的造纸工艺开辟了广阔的道路。在蔡伦主持下,扩大造纸原料,改进造纸技术,其功绩是不可抹杀的。

(三)纸书的出现

由于东汉以来造纸术的进一步改进和推广,纸写书逐渐趋向取代简书和帛书,成为重要的图书形态。不过纸写书完全取代简帛,大约还需经历一二百年的时间。但三国时已经有较多的人用纸写书,如吴国阚泽,家贫好学,常为人"佣书,以供纸笔"。阚泽抄书主要用纸,说明纸的使用已很普遍。但是帛书仍然流行,并且是一种高贵的书写材料。魏文帝曹丕是个文学家,写过一部文艺理论著作《典论》,魏和吴在国事交往中,魏曾用帛和纸各写《典论》一部,作为外交赠礼。帛书的一部送给孙权,纸书的一部送给吴大臣张昭。从二人的政治地位衡量,帛书

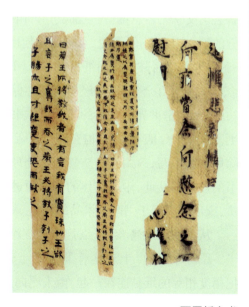

西晋纸文书

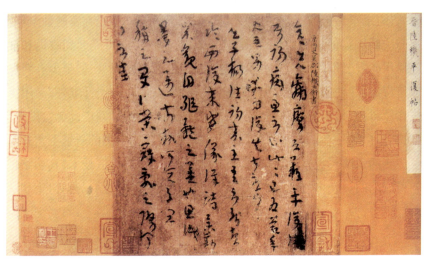

《平复帖》

显然表示尊贵,而纸书则是一般流行本。

晋代用纸写书更为流行,一般人知道"洛阳纸贵"的成语。这是说西晋著名文学家左思撰写《三都赋》后,由于文辞典丽,许多人传抄,洛阳地方的纸张因之涨价,可见,纸被普遍使用,并且已经是一种商品了。不仅写书,西晋学者陆机还用纸写过一套《平复帖》的书法作品。《平复帖》距今已一千七百余年,但是经历代精心保护,现在还珍藏在中国的故宫博物院中,这是世界上现存的最早纸本书法。东晋以后,官方文件大量用纸。公元四〇四年,权臣桓玄废晋安帝,自立为楚帝以后,曾正式下令废除用简牍书写,改用经过防蠹药物处理过的黄纸,这是最早明令用纸写书的规定。从此,中国文化的传递便进入了纸写书的时代,简牍逐渐淘汰,缣帛则多用于书画艺术品的材料。

从出土文物考察,晋纸规格已逐渐定型,一纸宽约一尺,长一尺有半。晋尺约合今二十五厘米,即宽二十五厘米,长三十八厘米。纸写书是把幅度相等的纸黏连在一起,由末尾向前卷,前后加签和轴,形成卷轴形式,后来就称这种卷轴式的书为"卷子本"。现存的古卷轴绝大多数是二十世纪初在敦煌莫高窟中发现的，共有四世纪至十世纪间的纸写本两万卷，其中精华部分近万卷被英国的斯坦因和法国的伯希和先后于一九〇七年、一九〇八年盗去，剩下的万余卷现存北京图书馆，上世纪三十年代由著名学者陈垣先生主持编成《敦煌劫馀录》。敦煌写本绝大部分是佛经，还有一些经史子集和文书契约。除汉文外，还有一些少数民族文字的写本。在其他地方也有所发现，至今尚能见到实物。

敦煌早期写本

中国最早有确切年代的纸写文书是写于西晋泰始九年（273年）。新中国成立后在新疆出土。

中国最早的纸写佛经是西晋咸宁四年（278年）的《陀罗尼神咒经》，现流失国外。

中国最早的外族文字纸写物是一九〇七年斯坦因在敦煌附近长城古烽燧遗址发现的粟特文书信。粟特文是居住在中国西北和前苏联中亚细亚一带粟特人所使用的文字。这批书信约写于西晋永嘉年间，即三—三年前后。

中国最早的汉文纸写书信是新

粟特文

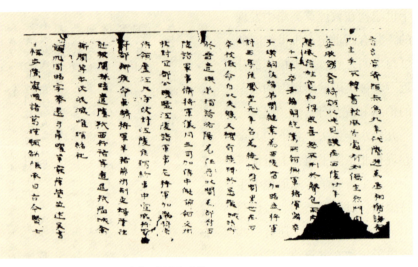

目前所见到的最早的纸写本《三国志》残卷

中国成立后在新疆哈拉和卓发现的,写于前凉建兴三十六年(348 年)。

中国最早的纸写书是一九二四年在新疆鄯善出土的《三国志》残卷,写于陈寿完成《三国志》以后不久。这个残卷包括《虞翻传》和《张温传》的部分内容,计八十行,一千零九十字。原卷已流入日本。一九六五年初,在新疆吐鲁番又发现晋人所抄《三国志》的《孙权传》和《臧洪传》的残卷,计四十行,五百七十余字,抄写时间比前者还早。

(四)手抄本的重要意义

在雕版印刷术发明以前, 中国文化的传递走着一条艰辛的道路,人们开始在简牍和缣帛上写和抄,继而在纸上抄和写。

从文献记载分析,西汉初年就有抄书活动。汉景帝时,景帝子河间献王刘德从民间搜寻到好书时,请人好好地抄一本给藏者,留下藏者的原本,另外送金帛给藏者作补偿,因而搜集到许多书。这时无疑是一种简书。汉成帝时,在著名学者刘向主持下,中国进行了世界文化史上第一次

书文化九讲

大规模地整理图书工作。刘向等学者为每个整理本写一篇提要作为正录，送呈皇帝批阅，刘向自抄一份留底，社会上也辗转传抄。后来，刘向的儿子刘歆集中整理编成中国第一部综合目录《别录》，这也是抄写的简书。当时，社会上也出现了一种专门以抄书为业的佣书行业。在古小说《拾遗记》中曾写汉安帝时人王薄，因家贫，带着笔和简在洛阳街上摆摊卖字，又因貌美吸引了许多求书的人，男人送他衣物，女人送他珠玉，一天之内，收入满车衣物珠玉。这就是当时一种"佣书"行业了。虽然是小说，但也是实际生活的反映。东汉时，班超因为家贫，曾为官佣书以供养。三国时，吴魏在外交活动中，为加强双方友好关系，魏国曾组织人用纸和帛分别抄写了两套《典论》送给吴国的孙权和张昭，这是一次规模较大的抄写活动。东晋释僧肇，早年以佣书为业，借着抄书的机会，"历观经史，备尽文籍"，后参与名僧鸠摩罗什翻译佛经，受到后秦统治者的赏识。南北朝南齐人庾震因父母双亡，无力营葬，尽力去为人抄写，以致使手残废，可见抄写的繁重。南梁的沈崇素六岁丧父，成人后就为人抄书，以取得报酬养母。有不少抄书人在抄书过程中，因有机会读到很多书而最终成为学者。南梁的王僧孺和朱异都是当时著名学者，他们的成就途径便是"既笔耕为养，亦佣书成学"，靠着为人抄书而遍览经史。北朝亦有佣书的人，如北魏崔亮家贫，即以佣书为业。

　　随着纸的普遍使用，人们对知识的渴求，除了受人雇佣抄书得酬外，也出现了一些以抄书，甚至抄大部头书求售的书贩。南北朝时扬州有一书贩，雇了一批人抄了一部七百多卷的大类书《华林遍略》，向北朝的东魏大将军高澄出售。高澄很喜欢此书，但又不愿出钱收购，于是召集一批书手用一日一夜的时间偷抄了一部，将书退还书贩。这件事固然可见高澄的狡诈，但用一日一夜抄毕七百卷书，用人当然不少，由此又可见从事抄书行业的人有相当的数量。《文心雕龙》是中国著名的文学理论著作，但成书后未能得到社会承认，它的作者南朝的刘勰希望当时有声望的学者沈约能给以评定。但沈约地位很高，无法求见，于是抄了一部《文心雕龙》，装作书贩，背着自己的著作在路上等沈约的车子过来时求售，果然引起沈约注意，取来读后，十分推重此书的价值。这是为自己的著作求得知音而采取值得同情的行动，但也反映出社会上抄书卖书已是常见的活动。

隋统一南北以后，很快注意到文化建设。文帝即位之初，就派著名学者牛弘主持整理朝廷藏书，其中一项重要工作便是把陈朝官藏图书中纸墨书写不清，书法又拙劣的图书重新订正抄补。隋炀帝由于动用民力过甚，一直被后世所抨击，但他在文化建设上却是有功绩的。他很喜欢图书，所以即位之后便派著名目录学家柳㲃主持进行一次规模空前的整理图书活动，其中最繁重的一项内容是从官藏的重复杂乱的三十七万卷书中精选了三万七千卷作为朝廷的标准藏本；又组织大批善于书法的书手将每种书抄五十个副本，分为三个层次，收藏在长安和洛阳的宫廷和政府部门。三万七千卷抄五十个副本，其工程之浩大，可以想见，这是一次空前绝后的抄书活动。因为以每卷书千字计，就有三千余万字，再复抄五十本，便共计十五亿多字。在其前没有这种活动，在其后，由于唐代以后逐渐使用雕印书，抄书除《永乐大典》和《四库全书》有较大规模外，都是私人的零星活动。而《永乐大典》和《四库全书》的抄书总量估计亦逊于隋。

抄书活动为传递和传播文化付出了艰辛的劳动，但其劳动量过于繁重，耗时较多，而且辗转传抄，极易出错。雕版印刷正是应这种社会需求而出现。雕版印刷的出现，减轻了劳动强度，缩减了成书时间，增大了成书量，降低了错误率，使中国文化的传递与传播得以加速并扩大了覆盖面，对世界文化的发展提供了重要的发明。将其列为中国四大发明之一，实无愧色。

第四讲 雕版·活字·套印

(一)雕版印刷的发明与发展

雕版印刷术和造纸术一样,也是中国的四大发明之一,对于推动和传递中华传统文化的发展起着划时代的作用。

雕版印刷术又称整版印刷术,即将文字反刻在一块整的木板或其他质料的板上,再着墨印在纸上。推动这一技术问世的是石刻传拓技术和印章的使用。那么,雕版印刷究竟始于何时?学术界对此有始于汉、始于六朝、始于隋和始于唐种种不同说法。一种发明,往往有较长的酝酿,从雏形到成功的过程,一定要截然划定具体时间是比较难的。根据文献记载和现存的实物,大致可以定在唐朝。但对始于唐也还有时间先后的不同看法,有人主张早在太宗贞观十年(636年)左右,有人则主张在僖宗中和二年(882年)前后,其间有二百余年的差距。经过专家从印玺、石经的摹刻,印刷的必备器材和文献记载等方面考证认为:中国雕版印刷术大概起源于七世纪初年(636年);八世纪时,市场上出现了印纸;九世纪,不但文献记载更多,敦煌发现的实物也不少,成都已经是全国的刻书中心。这个说法所提出的论据比较可信,但不一定正在贞观十年。现存最早的雕印品实物是唐懿宗咸通九年(868年)四月十五日王玠为父母消灾祈福而出资雕印的《金刚般若波罗蜜经》一卷。这卷经是一九〇〇年在敦

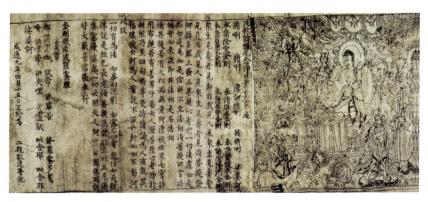

《金刚般若波罗蜜经》

煌千佛洞发现的。全经由一页扉页和六页篇幅相等的经文黏连而成,长十六尺,高一尺,是卷子本。卷首的扉页是释迦牟尼佛在祇树给孤独园的莲花座上长老菩提说法图,布局谨严,刀法纯熟,图画镌刻精美生动,经文字体也端庄凝重,深厚劲拔,是一件异常精致的艺术品。从卷末所镌"咸通九年四月十五日王玠为二亲敬造普施"和雕印品的技巧成就上推测,可知雕版印刷术大约在九世纪已经达到相当高的水平了。令人愤慨的是,这件国宝和其他敦煌古写本几千卷竟在一九○七年都被英国人斯坦因劫窃而去,收藏于伦敦博物馆已将近一个世纪了。

　　现存国内最早的雕版印品是一九四四年成都东门外唐墓中发现的成都府成都县龙池坊卞家雕印贩卖的《陀罗尼经咒》梵文经本一片,大约一尺见方。首行题"唐成都府成都县龙池坊卞家印卖咒本",可见当时已有公开出售的雕版印品。该件中央刻一小佛坐像在莲花座上,外刻梵文经咒,大部分是古梵文。咒文外又围刻小佛像,雕印时间虽无直接根据,但唐代成都设府在肃宗至德二年(757年),此件不会早于七五七年。唐朝雕印品除佛经外,主要是民间日用的历书、字书和一些杂书。现存最古历书是唐僖宗乾符四年(877年)历书残片及中和二年(882年)印有"剑南西川成都府樊赏家历"字样的历书残片。这些古历都已流散国外。中和三年(883年)著名藏书家柳仲郢的儿子柳玭曾在成都书铺看到许多印本

书文化九讲

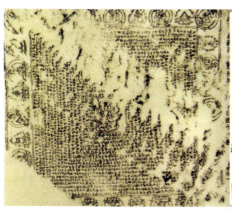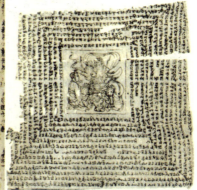

国内现存最早印刷品《陀罗尼经咒》　　　　　　　　　　　　《陀罗尼经咒》

书,其中有阴阳杂记、占梦、相宅、字书等民间用书。这种书印刷质量较差,但在书铺中公开发售多种日用书,也在一定程度上反映了雕版印刷这一新技术已经比较广泛地被应用了。

　　唐代雕版印书主要在四川、淮南等地,尤以四川成都地区为全国的刻书中心。根据已经发现和见于文献记载的早期雕印本,如佛经、历书、杂书和工具书等推断,成都很可能是雕版印刷的发源地。当时四川的政治、社会情况都比较安定,经济发达,又有丰富的造纸资源,而成都又是四川的政治、经济中心,因此成为中国雕版印书业的先进地区。

　　唐朝的雕版印书从现存实物和文献记载看, 主要是佛经和民间用书。由官府正式刊印儒家经典则从五代开始。

　　五代的后唐明宗长兴三年(932 年),在宰相冯道和李愚等人的建议下,决定依照石经文字,刻印九经,并派专人负责,认真写刻。根据文献记载,这一首次刊印儒家经典的活动很受政府重视,有以下几点值得注意:

　　㊀这次刻经活动是由宰相建议,由国子监有学识的人员负责组织执行。因为是国子监具体经管,所以后世称这次刊本为"监本"。

　　㊁依据的底本是唐开成石经。这是当时最好的官方标准本。

　　㊂原石经本有经无注。监本则兼有经注,成为经注的定本。

37

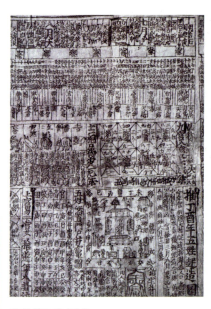

唐乾符四年历书

监本《论语》"刘氏天香"牌记

㈣雕印前经过认真勘校工作，先将石经经文与六朝注本合为一编，再经五六个专家学者精勘细读，审核无误，由专门书手以楷书誊录，然后交匠人雕印。

㈤后唐明宗对开雕九经很重视，除选派专门学者多人参加外，还在政治、物质等方面给以种种优待，使这项浩大工程得以顺利开展。

这项浩大工程，历经唐、晋、汉、周四朝二十一年，直到周太祖广顺三年（953年）始告完成。所谓九经是：《易》、《诗》、《书》、《三礼》和《春秋》三传共九种，但当时所刻不止这九种，还刻有《孝经》、《论语》、《尔雅》，附以《五经文字》、《九经字样》，共十四种，与开成石经种数正同。这是官刻经籍的开始。这份刻印本就是宋人所称的旧监本或五代监本。刻印的形式是经文用大字，每行约十六字，注文用双行小字，每行约二十一字，沿用了旧写本的格式，可惜后来都亡佚了。除此之外，五代还有一些刻印书籍活动。其中著名的有石晋宰相词人和凝在刻印《颜氏家训》外，又自写自刻自己的文集数百帙分送给人，这是自刻所著之始。

十国的刻印书活动也较频繁，后蜀的成就较大。它除了依照五代刻印九经从而有蜀刻《九经》外，宰相毋昭裔因少年时家贫，借书困难，显贵后曾出私财办学馆，并刻印《文选》、《初学记》和《白氏六帖》等大部头书。这是私人自费刻书之始。这不仅有益于雕版印刷的改进和发展，对推动文化也颇有贡献。

宋朝是雕版印刷事业非常重要的发展时期，刻书范围极大地拓广，几乎遍及所有图书部类。从中央、地方官府直到民间、私人都参与了刻书活动，对印书校勘、装帧工作的重视也都超越前代。从宋朝建国之初到真宗景德二年（1005 年），前后相距不过四十余年，而国家所藏雕刊版片便由四千块增至十余万块，增长了二十多倍，可见发展速度之快。它先后刻印过若干大书，如从宋太祖开宝四年（971 年）至太宗太平兴国八年（983 年），历时十二年刻印成全部汉文大藏经，共十三万块版，五千零四十八卷，四百八十函，名《开宝藏》。这是我国第一次刻印发行的佛教总集。宋仁宗嘉祐年间（1056—1063 年）完成了十七史的刻印。集部当以《文苑英华》为代表。

《开宝藏》

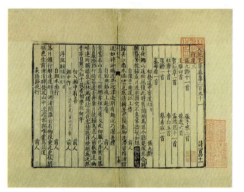

《文苑英华》

南宋初年，在刻印释家经典外，还大规模地刻印儒家经史，中央及各地方政权、教育系统、民间、私人、书商、坊贾等无不刻书。所刻几乎涉及所有部类，刻书地域广阔，版本众多，称一时之盛。

宋朝不仅发展了雕版印刷事业，而且非常注意雕印工艺，许多学者也研究版本问题，逐渐建立了版本学这一专学，对各种图书版本的发生和发展的历史，对各种图书版本的异同优劣，对版本的各项工艺等等都进行研究，出现了尤袤《遂初堂书目》的版本目录，许多有关版本的论述散见于学者们的著述之中。于是，"宋板书"成为后世珍惜宝藏的珍本、善本了。

辽、夏、金各朝都有较发达的雕版印刷事业。在山西应县木塔曾发现辽刻《契丹藏》和其他印刷品，《契丹藏》是我国现存最早的大藏经刻本。另外，辽坊刻唐李翰《蒙求》为目前世所仅有，这是辽用来教授童生的启

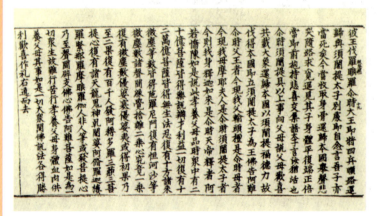

《契丹藏》

蒙汉字课本。西夏则有西夏文、汉文、藏文、回鹘文等典籍刻本。一九〇八年，在黑水城佛寺遗址发现西夏木板经典封面画断片。金代最著名的刻书中心是平阳（又称平水，今山西临汾），刻书盛行，水平颇高，今可见者有多种，如许多人都知道的《刘知远诸宫调》是古代民间说唱文学名著，也是现在传世的最古的诸宫调之一。除平水外，金代的刻书中心还有中都（北京）、南京（开封）和宁晋（今属河北邢台）等地。金代官书中，首推国子监本，刻印中文和女真文书籍等十种。而更多的是民间和寺院刻印，有佛经、翻译中文书籍以及一些人的文集等。最著名的是《赵城藏》，这是金代民间雕刻的一部藏经，以原藏山西赵城县广胜寺而得名。《赵城藏》是一部珍贵的孤本佛经，前后历时二十余年（1149—

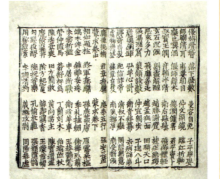

《蒙求》

《赵城藏》

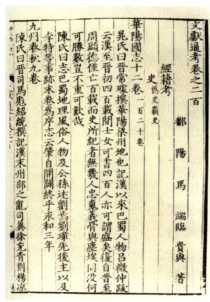

《文献通考》

1173年）始刻成，全部经文估计有七千余卷，现存卷轴本四千九百余卷。一九四二年日寇妄图劫掠，经八路军抢救移藏保存，今藏国家图书馆。

元代的官刻由兴文署掌管，所刻最早且好的是至元二十二年（1285年）的胡三省《资治通鉴音注》二百九十四卷和《通鉴释文辨误》十三卷。各级地方官府和教育系统也有刻书，而书院刻书也很多，著名的有元泰定元年（1324年）西湖书院刻马端临《文献通考》三百八十四卷，字体优美，行款疏朗，称为佳刻。

但是，雕版印刷由于版片笨重，雕版费时费工，保管需要专库。因此，历史的发展就要求印刷工艺的创新。虽然，雕版印刷一直沿用至明清，但随着时代前进，逐渐希望有新的印刷术出现，活字印刷首先应运而生。

（二）活字印刷的发明

活字印刷的发明时间约在宋仁宗庆历年间（1041—1048年），比德国人谷腾堡的铅字印刷要早四百多年。宋朝的活字印刷是由一位能工巧匠毕昇发明的，他用泥做成活字烧制，平时把烧制好的活字按韵排列，放在格子里备用，印书时检字排版，用后拆版，按格归还活字，再用再检，常用字多准备达数十个，冷僻字按需要临时烧制付排。毕昇可能用这套泥活字印过书，所以感到印数成千上万本时，极为神速。可惜他所印的书未

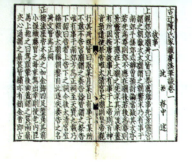

《梦溪笔谈》

见流传，而记载这件事情经过的仅有宋人沈括所撰笔记《梦溪笔谈》，而不见他书记载，以致后来有某些外国别有用心的人认为这只是设想而无实用价值，认为活字不能印书，借以否定中国四大发明之一的印刷术。可喜的是，在近八百年以后的清朝道光年间（1821—1850）竟有人用泥活字成功地印行了多种图书，如道光九、十年间（1829—1830 年），苏州人李瑶用仿宋胶泥活字先后两次印刷温睿临的《南疆逸史》；道光十二年（1832年），李瑶又用胶泥活字摆印了《补校

毕昇铜像

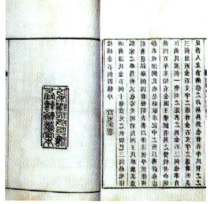

《补校金石例四种》

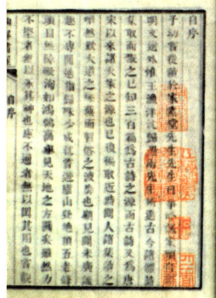

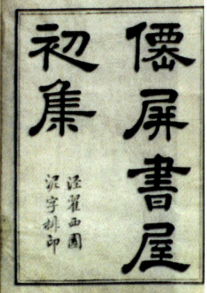

《仙屏书屋初集》

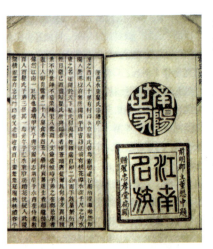

《水东翟氏宗谱》

金石例四种》。可惜由于文献缺乏，对李瑶生平没有更多的了解。

与李瑶同时，安徽一位穷秀才翟金生的成绩更为卓著。翟金生家境贫寒，看到社会中下层人士的优秀著述往往因无力雕印而被埋没，便不顾家徒四壁，动员全家从事泥活字的制作，经过三十年的潜心研究，摸索出选模、作字、烧炼和修刮等一系列制作泥活字的方法，并亲手制作了各种规格的仿宋泥活字十万多个。从道光二十四年（1844年）开始刊印自著《泥版试印初编》、《续编》，黄爵滋的《仙屏书屋初集》和翟震川所修《水东翟氏宗谱》等书多种，字画均清晰可读。翟金生使八百年前泥活字的创制得到复活，不仅其刻苦坚

44

书文化九讲

韧的献身精神值得赞扬和敬佩，而且以泥活字印刷确有其事而非设想，严正地驳斥了某些诬词滥调，奠定了中国发明印刷术的历史地位，成为一桩爱国壮举。事实上，在毕昇之后的两百年，元代学者姚燧曾命其弟子杨古按毕昇泥活字版法作活字，刻印过《近思录》和《东莱经史说》等书，流传四方，但因使用范围不广，未能引起注意。

　　元代对后世颇具影响的是木活字印刷术。元代木活字印刷术创自《农书》的作者王祯。王祯在元成宗时曾为安徽旌德、江西广丰等县知县。他根据多年推行农业的经验，精心思考，撰成《农书》三十万字。他在旌德县任时就想印行此书，但感到字数多、部头大，雕印费工费时，所以请工匠造木活字三万多个。由于《农书》已被人雕印，这批活字没有用来印《农书》，却用来印行了《旌德县志》。《旌德县志》共六万字，不到一个月，就用木活字印成了百部，证明效率甚高。王祯还写过一篇《造活字印书法》附在《农书》之后，内容包括：写韵、刻字、锯字、修字、造轮、取字和印刷等工序，并附有转轮排字架图式，是中国印刷发展史上的重要资料。除木活字外，元

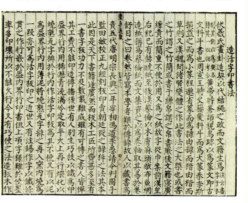

《农书》中所载《造活字印书法》

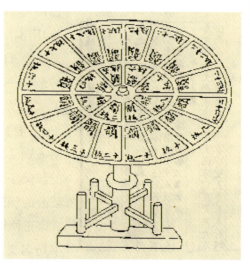

《造活字印书法》所载转轮排字架图式

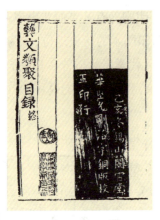
《艺文类聚》

《渭南文集》

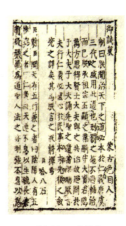
《宋诸臣奏议》

代还有过泥活字和锡活字。

明代是活字印刷盛行的朝代,遍及江苏、浙江、福建、江西、云南、四川等省;经史子集各类图书皆备,质料有铜、铅、木等。它使中国的印刷事业走向成熟,而对文化的传播、传递都产生了良好的效果。明代以铜活字印刷著称,最早的是无锡华燧(1439—1513年)的会通馆,曾在弘治三年(1490年)用铜活字印行了《宋诸臣奏议》,因缺乏经验,印制不精,但它是目前国内见到的最早一部金属活字印本。以后又印行了《锦绣万花谷》、《百川学海》、《〈十七史〉节要》和《文苑英华辨证》等著作,是明人铜活字印本数量最多的一家。华燧的叔父华珵自制一套铜活字,曾印有宋陆游的《渭南文集》,华燧的侄子华坚在明武宗正德年间(1506—1521)也以"兰雪堂"书坊名义印行了不少铜活字本的书,如《元氏长庆集》、《春秋繁露》和《艺文类聚》

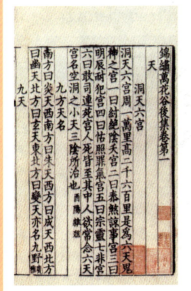
《锦绣万花谷》

等。另外,居住无锡胶山的东南巨富安国因喜爱桂树,在所住山冈种植桂树,绵延二里多,从而以"桂坡馆"命名他的书坊。他印行了《颜鲁公文集》、《初学集》及《吴中水利通志》等书。安国印书比较认真,错误较少,虽数量不如华氏,而质量则过之。

明代除铜活字印本外,木活字印本也比较流行,印行范围较广,除一般使用书外,还印家谱、邸抄等。

清朝大量利用活字印书,雍正三、四年(1725—1726年)时由武英殿修书处用铜活字印行《古今图书集成》一万卷,共一点六亿字,成为篇帙最大的铜活字印本书。乾隆时又用木活字印行了《武英殿聚珍版丛书》一百三十四种,两千三百余卷。聚珍版就是活字版,因为"活"与"死"是一对词,皇帝忌讳死活,所以把每个活字视为珍物,而摆印活字便称为聚珍。这次活字印刷在工艺上有明显的改进:

一 在刻字工艺上,改变了王祯先在整版上雕字再锯为单个活字的方法,而是先锯好大小式样相同的木块,然后贴字样刻字。

二 在排字工艺上,使用标明部类笔画的排字柜,易于检用。

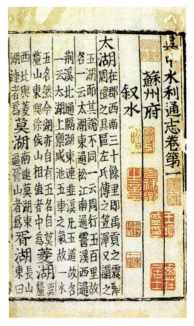

《吴中水利通志》

《钦定武英殿聚珍版程式》

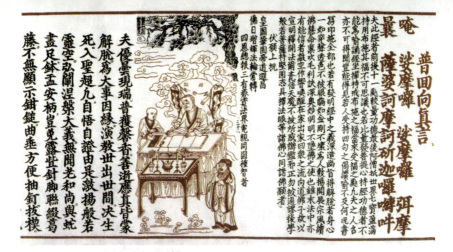

朱墨套印《金刚般若波罗蜜经注释》

㈢采用雕版与活字摆印相结合的办法，把需用的相同底板的框格栏字先雕刻印好，然后将活字正文等置于版槽，套印在印好的框格中，这样每版的框格不是活字字条摆接，就不会出现缺口和歪斜，而是严丝合缝，省工省事。

《武英殿聚珍版丛书》印行后，主持人金简把印书全过程和积累的经验著为《武英殿聚珍版程式》，分别条款并附插图和详细说明，不仅为当时官私印书者所仿效，也为后世留下了珍贵文献。

（三）套版、饾版与拱花

在雕版和活字印刷发展与完善过程中，印刷工艺不断改进，其突出而有阶段性价值的莫过于明代的套版彩印和饾版、拱花技术的出现。明代的一般图书为吸引读者购买而盛行插图，有的插图还出自名家之手，如仇英的《绘图列女传》称为艺术精品。有的印本有大量插图，如《三国演义》有一种刻本，绘图多至二百四十幅。到万历以后，戏曲、小说一类的图书几乎都有插图。为了使图画能以不同颜色来区别不同的表现内容，在印刷工艺上就发展了套印。

"套印"在明以前已开始应用，早在元顺帝至元六年（1340年），湖北江陵资福寺所刻无闻和尚的《金刚般若波罗蜜经注释》便是套印本，经文红色，注文黑色，卷首的灵芝图用朱墨二色套印。这是现存最早的木刻套印本。入明以后一二百年，套印术并未盛行，直到明代后期才又广泛流行。万历后期刊印的《闺范》一书便是套印本。明末吴兴闵氏和凌氏不仅有两色套印，还发展到三色套印和四色套印，成为明代印刷事业的重要特色。由于套印时必须版框严密套合，版面方能吻合，所以又称它为"套版"。

《闺范》

　　版是明代改进印刷工艺的一种发明，它是复制美术图画的办法。版发明以前，印刷美术图画时，用几种颜色涂在一块雕版的不同部位后上纸刷印，这样往往出现相邻颜色的互相浸润，使图画不美观。明代后期发明了饾版，把一个画面分成若干块版，每块版只是整个画面的一部分，分别刷上所需的不同颜色，然后按适当位置逐个印在一张上，就能完成有不同颜色的画面。

　　"拱花"是明代改进印刷工艺的另一发明。它用凹凸两块版，把纸夹在中间互相嵌合，压出凸起的花纹，以表白云、流水和花叶的脉络，极为精美生动。天启七年（1627年）安徽休宁人胡正言用此法印过《十竹斋画谱》；崇祯十七年（1644年），他又兼用"饾版"与"拱花"两种工艺印行《十竹斋笺谱》，笺纸上出现周鼎商彝、古陶汉玉、山水人物、花卉羽虫等等，颜色精美，具有立体感。至今看来，它的精湛艺术

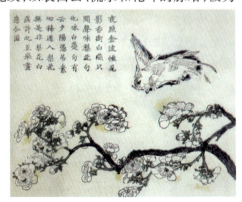

《十竹斋画谱》

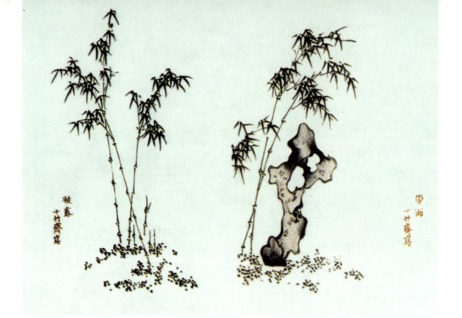

明彩色套印刻本《十竹斋笺谱》

水平,仍令人赞叹不已。

雕版、活字、套印等的发明标志着中国印刷术的三次重大跃进。它为世界印刷文化起了重要的先导作用。它的不断改进与发明为文化成果的保存和文化遗产的传播与传递提供了良好的前提。它为中国文化,甚至世界文化的发展都作出了重大的贡献。

(四)纸书装帧形式的演变

从隋到唐代前期,纸写书比较流行,仍然是卷轴式墨写,直到八、九世纪,由于雕版印刷术的发明和使用,手写纸书的状况有所改变,于是印本纸书出现,装帧形制也由卷轴制向册叶制过渡,册装形式开始流行。这是纸书的一大进步,因为册装纸书比卷轴书具有易成、难毁、节费和便藏四大特点。

印本册装纸书在唐末五代时已经流行,英人斯坦因在《敦煌取书记》中曾记录过五代时后汉乾祐二年(949年)雕印的《金刚经》册装形制。这部经印刷简陋,但值得注意的是已经不是卷轴式,而是折叠式,是旧型纸书向新式书籍过渡了。这部经一共八叶,只印一面,折叠以后在末叶上再

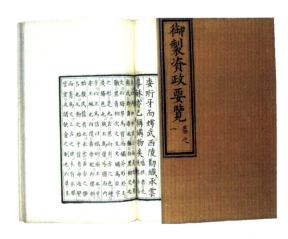

蝴蝶装

黏幅纸，展开后就像一本书的样子。五代时，册装纸书由折叠装向蝴蝶装发展。有一本五代时刻印的《切韵》残本十六叶，它把字面对折，每叶的折端黏在一起，和宋代流行的蝴蝶装几乎一样。

宋初，处于写本纸书向印本纸书全面转化的时代。北宋的纸书盛行册叶，册叶的单位称"纸"或"版"。宋朝官府对校书人员所规定的定额是"每员复命校册叶背面二十一纸"。这"二十一纸"也就是"二十一版"。一个册页以一背一面合为一版，背和面的分界线是版心。北宋版的书，一般都在版心的地方记本版字数、书名或简称、卷数和刻工姓名。各版成册时是将有字的一面，以版心线为准内折，再把中缝的背口，用糊粘在包背的厚纸中线上。当书展开时，很像展开双翅的蝴蝶，所以称这种纸书的形制为蝴蝶装。这种蝴蝶装很像现在的地图册，就是有图的两面对合在一起，隔两页空白，再翻又是对合的图。蝴蝶装主要以黏接合页的版心线为主，也有用线订的，但是因为图文内合，订线在版心处，容易损坏书，还不如黏接为善。不过这种以线装订的做法却对后来线装纸书的出现有启发意义。蝴蝶装的黏背接缝工艺，在宋代文献中常称它"装背"，这种"装背"工艺又为后来的包背装纸书开了路。

梵夹装

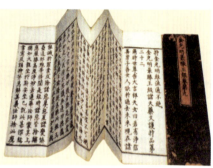

经折装

龙鳞装

清内府几种经折装书籍

卷轴装

在印本纸书日益发展改进时，手写纸书并未完全取消，在宋朝目录学家尤袤所编的《遂初堂书目》中就著录有多种写本书，写本书已经开始由卷轴折叠成方册，称为折子装，很像后世所用的折子。又因为它更多是由于为讲经诵读方便而把卷子折叠起来，这就不需舒卷而只要左右翻动，所以又称它为经折装或梵夹装。另外还有一种装帧形式，就是在卷轴式的底纸上，把书叶像鱼鳞那样依次错落地粘裱，打开时，好似龙鳞，所以称为龙鳞装。收卷时，书叶鳞次朝一个方向旋转，宛如旋风，所以又称为旋风装或旋风叶卷子，旋风装和经折装虽与蝴

包背装

毛装 线装

蝶装并存，但随着印本书的日益增多，旋风装已成为历史陈迹，经折装也主要用于佛家经典，如清雍正时刻印的《龙藏》便是经折装。经折装和旋风装没有完全摆脱卷轴，而只有蝴蝶装才使纸书开始成为方册，它是由卷轴走向册叶的第一种形式，也为后世的书册提出了书型的初步规模。

继蝶装纸书之后是包背装，它流行于元明时代。包背装与蝴蝶装恰恰相反，它把印字的一面外折，版心在书口，后背用书皮包裹，形式与线

明代摆书图 明代书局雕版间

书文化九讲

装书差不多,只是不穿孔钉线,而是把书叶糊黏在书背书皮的中线部分,实际上与现在的平装书相似。现藏北京图书馆的元刊本《汉书》和《文献通考》是包背装,明朝的《永乐大典》和清朝的《四库全书》也都是包背装。清代的包背装技术尤为出色,有一部清朝皇室的家谱——《玉牒》,用宣纸画朱丝栏端楷写成,每册长九十多公分,宽四十五多公分,厚也五十多公分,重一百五十至一百六十斤,最厚者有一百四十公分,重四百公斤,移动上架,需要二至四人。它就采用包背装工艺,至今二百余年,屡经搬迁,包背丝毫无损,也可说是中华一绝了。

线装大约始于唐五代时,盛行于明代中叶即十五世纪时,线装就是把包背的整张封皮从书背处裁为两半,前半成封面,后半成封底,连同书身一起打孔穿线,装订成册。线装到清初便被广泛采用,一直沿用到现在,甚至有人误把线装作为古书的代称,而对线装以前的古书型式则知之不多了。线装的优点在于纸书的外观非常整齐美观,无论是四眼钉、六眼钉或上下包角都有很高的工艺水平。即使装订线断了,书叶也齐叠成

清代订书图 清代折书页图

清代订书图

册，不易散乱，而且不论新书旧籍，都可改装一新，便于保管。不过由于它把版心处折为书口，每次翻阅易于断裂，在遇到整版插图时，反不如蝴蝶装内折的易于观览。虽然如此，线装应该是纸书成册的最整齐美观，便于阅读保管的进步型式。

印本纸书从唐以来，历千年而不衰，近代除版印外，还有铅印、石印等等手段，内容日益丰富，独尊地位日益稳定；但是，这不等于说手写纸书完全不复存在，相反，手写纸书反而日益崇贵而受到人们的珍视，如从版本学角度看，稿本、写本、抄本、传抄本等等手写纸书成为珍藏图书。各

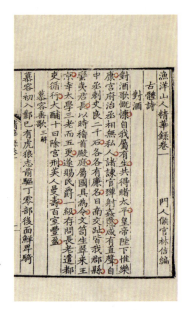

王士禛画像 　　　　　　　　　　　　　　　　《渔洋山人精华录》

朝重要大型著述往往手写,明朝的《永乐大典》总字数达三点七亿字,除永乐五年(1407年)编成后缮写一部外,嘉靖四十一年(1562年)为预防不测又下诏重抄一部。清代《四库全书》共七万九千三百零九卷,一共抄了八部。这两部书在当时都没有印本,而以仅有写本表示其尊贵的地位。有些著名学者为刊印自己的著作而请名书家写好后再刻印,称为写刻本,如清初著名学者、诗人王士禛请福建书法家林佶为其手写《渔洋山人精华录》,然后再刊版印行,成为相当精美的工艺品。

不论手写纸书,还是印本纸书,对于传递和传播文化都起着重要的作用。中国两千多年的纸的历史和一千多年纸书的历史都充分证明中华文化之所以能源远流长并对世界文化作出应有的贡献,确是其来有自。随着社会和科学技术的发展,文化传递和传播的媒介工具势必扩张。胶片、胶带、光盘、网络等现代技术产物被广泛运用;但是,纸的应用和纸书的价值仍将经久不衰,并为传递和传播人类的文化作出其贡献。

第五讲　典藏与整理

（一）官藏的延续

简书的开始和纸书的日益增多，为传统文化的传递提供了便利，但也面临着如何善加保存与管理的现实需求，所以图书的搜求、收藏与整理便成为传递传统文化的重要保证。

中国最早的藏书是官藏。根据一些古代文献记载的设官情况推测，周朝以前可能有主管或兼管图书的人员；但正式建立国家藏书机构和有正式主管人员还在周朝。《史记·老庄列传》中说老子曾任周王室的"守藏室之史"，藏室应指图书馆的雏形，守史当是主管图书人员。这个"藏室"当时已经对外开放，可以提供参考资料。史书曾记载孔子问礼于老子的故事，礼是当时社会的生活准则，是调节古代人与人之间怎样和谐生活的依据。孔子想了解这方面的问题而缺乏资料，所以就到周，去向主管图书的老子请教。当时朝廷的藏书主要是史书，是各国的史书。孔子写《春秋》时就曾到周朝的藏书机构去查阅资料，可见周的官藏已比较丰富，可能已是当时各国的藏书中心。各诸侯国也都有藏书，如周景王曾问晋国的籍谈："你知道你为什么姓籍？"籍谈答不上来。景王说："因为你的高祖主管晋国的'典籍'，所以你才姓籍。"可见晋国也已有藏书。到了秦朝，设御史一官来主管图书，而秦始皇焚书便是对官藏的一次清洗。虽然从西

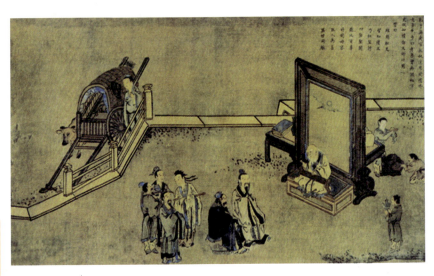

孔子问礼老聃图

周到秦都有藏书机构来典藏图书,但没有统一名称,见于记载的有天府、盟府、策府、周府、公府、府、周室和室等不同名称。

汉朝建立之后,由于秦朝焚书的影响,图书仅有"医药、卜筮、种树之书",所以一改秦的败政,广开献书之路,大量收集图书,号召民间献书,开放私学。虽取得一点成效,但民间经秦火之后,心有余悸,还不敢公开自己的藏书。惠帝四年(前191年)又进一步放宽政策,正式宣布废除过去的"挟书之令"(私藏有罪)。文、景两代继续执行这一政策,于是"天下众书往往颇出"。这是西汉的第一次搜集图书。

汉武帝为实现汉帝国的大一统,措施之一是从图书入手来统一思想,但在检查过程中发现朝廷藏书已损坏到"书缺简脱"的严重程度,于是决定开展大规模征集图书的活动并改进藏书管理工作。元朔五年(前124年)命丞相公孙弘广开献书之路,大合天下之书。这一求书措施得到了广泛响应,不久就达到了"积如丘山"的程度。这是西汉第二次搜集图书。

此后又经过一百年,到汉成帝时,国家藏书又颇多散亡,于是在河平三年(前 26 年)就派了一个名陈农的官员到全国各地收集图书,一面又组织专人整理,加强管理。这是西汉的第三次搜集图书。

经过三次搜集图书的活动,西汉的朝廷藏书数量约达一万三千二百六十九篇卷,这是指所藏的完整本而不包括残缺本。有大量的图书,便需设立藏书机构,西汉的官藏机构有石渠阁、天禄阁、麒麟阁、兰台、石室、延阁、广内等处;太常、太史、博士、太卜、理官等部门也都分别有藏书之所。

西汉末年,由于王莽篡权,许多士人为保存传统文化,纷纷携带自己的藏书隐遁山林。

东汉建立后,光武帝号召献书,原先逃隐的人都纷纷到京师献书,又经过明帝和章帝两代的求书,到了东汉中叶,国家藏书量比初期增加近三倍。国家的藏书处所有辟雍、宣明殿、兰台、石室、鸿都宫、东观和仁寿阁等七处。桓帝延熹二年(159 年),创置了中国封建中央政权中第一个正式主管图书事业的机构——秘书监。由于这一创置的意义重大,所以范晔在撰写《后汉书》时,特别将其写进《桓帝纪》中。

《后汉书·桓帝纪》

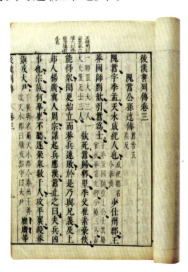

《后汉书》

汉末及魏晋南北朝的各朝都比较注意收集图书。汉末袁涣就曾向曹操建议广收图书,作为教化百姓、招抚群众的工具。曹操很重视这一建议,在统一北方过程中就大力搜集图书。公元二〇〇年,官渡之战时,曹操击败袁绍后就把袁绍的全部图书收归魏有。曹魏还建立秘书、中、外三阁作为国家藏书处所,并设立秘书令、秘书丞等一套官员来主管图书。蜀和吴也都注意图书的收集与典藏,设立"东观"为官藏机构,并委派有识之士为主管。

西晋统一后,就把魏蜀吴三国的图书收集起来,各地也向中央献书,官藏数量有所增加。据文献记载,晋武帝时朝廷藏书量达两万九千多卷。但是,西晋后期,社会动荡,战乱频仍,朝廷藏书丧失殆尽。东晋建立后,作了一些努力,但收效不大,朝廷藏书仅有三千多卷,又经过五十多年,到孝武帝太元十年(385年),才勉强恢复到三万余卷。

南北朝时期,南朝的宋齐梁都很重视图书收集工作。宋有官藏图书一万四千余卷,齐有一万八千多卷,梁初期有两万三千多卷,而到梁元帝时,前后不过五十年,官藏量达十万多卷,增长速度不可谓不快。陈立国日浅,国力衰颓,无暇及此。北朝的北魏、北齐、北周是当时的少数民族政权,虽有一定程度的汉化,但终究不如南朝。南北朝的各个政权都基本沿袭魏晋旧制,设立主管机构和专业人员。

隋统一后,文帝很重视收集图书和提高藏书质量的工作。他认为陈朝的官藏图书质量低劣,便进行整理、完善。他招募善书之士重新抄写正副本;又运用政治和经济(赏格)手段广泛求书,各地献书很多,所以隋初官藏量达到三万余卷。文帝去世,炀帝继位,后世对炀帝贬词甚多,但他对完善、充实国家藏书却作出了卓越的贡献。首先,增加了复本量,每书有五十个复本;其次,图书质量分类管理,当时把图书分为上、中、下三品,上品用红琉璃轴、中品用绀琉璃轴、下品用漆轴以示区别;第三,图书内容分库典藏,在洛阳观文殿修建书库,东厢存经史书,西厢设子集书;第四,精选库本,炀帝曾派学者柳䛒在嘉则殿从国家藏书中挑选好书、精书、完整本三万七千余卷运到洛阳，藏在修文殿作库本。炀帝对提高官藏图书的质量所做的成绩是不容抹杀的，不能因其过而没其功。

唐建国之初，首先把隋在洛阳的藏书用船运到长安，不幸在三门峡附近遇难沉没，只打捞到一小部分，所以唐初官藏量不多。经过几代皇帝的征书活动，到了玄宗时期已达八万多卷。唐朝在征书的同时还建立了一套比较完整的管理机构。主管图书工作的是秘书省，由秘书监领导，有秘书郎四人分管四部图书。值得注意的是在秘书省的编制中正式出现装潢匠、熟纸匠、笔匠等工匠，证明唐朝十分重视官藏的增补藏书工作。唐玄宗在开元时期曾于长安和洛阳同时进行了一次大规模的抄书、校书工作，仅洛阳乾元殿抄书即达五万多卷，并准许百官到乾元殿去参观阅览。虽然对读者有一定范围的规定，但它终究是开放官藏图书的一个良好开端。这次大规模的抄书活动不仅对唐朝的官藏图书在质量上有所提高与增广，更重要的是对唐以前文化进行了一次总结性工作，许多古代文化遗产借这次抄书而流传下来。但在开元以后，由于政治不稳定，战乱不断发生，图书事业有起有落，官藏散失毁损严重。到了唐末，官藏图书量急剧下降，几乎难及万卷了。五代十国时期，只有几个政权如南唐、前蜀藏书较多，其他都无甚起色，已经难复旧观了。

宋代朝廷藏书中心是昭文馆、集贤院、史馆和秘阁，这四个藏书处所统归于崇文院主管。宋太祖时，以史馆为藏书建设重点，太宗以后便以秘阁为藏书建设重点。宋朝朝廷藏书主要是三大来源：一是从五代十国接收过来，其中西蜀藏书量多质高；二是奖励献书，从太祖到徽宗曾多次规定得官给价的办法征书，凡献书多的量材任官，献书少的从优给价，不愿献书者则借抄；三是以唐朝目录为准，向官员们提出缺书目录，多方募献；四是官修和新撰书都要上交样本，贮藏馆阁。由于多渠道征书，所以官藏书量颇有增多。据统计，北宋馆阁藏书的总数是六千七百六十五部，七万三千八百七十七卷。北宋末年，由于靖康之乱，使北宋一百六十多年的积累毁损殆尽。因此，南宋便面临着重建图书管理机构和恢复国家藏书的任务。它首先恢复了秘书省的建制和工作，接着从各方面征集图书。著名藏书家、原任的高级官员和原主管图书的官员成为征集图书的主要对象；原藏书机构、出版印刷中心地区、寺庙等成为征集图书的主要地区和单位。由于采取了上述的有效措施，南宋的朝廷藏书得以逐渐恢复和发展。宋朝理学昌盛，游学风气很盛，因而书院增多，南宋时有两三百处之多。为了理学家宣传和阐述自己的观点，也为了便于供应士子阅读，所以书院藏书崛然兴起，成为一大藏书系统。

辽夏金各朝也都设有官藏机构。辽代的国史院、昭文馆和秘书监等，其职掌都与修写校雠图书有关，也有一定的官藏，各级地方教育系统都拥有藏书。西夏的官藏机构大体模仿唐宋而分汉人夏人两套机构。金朝的官藏机构主要是秘书监，设各级官员，专掌文籍，金在与辽、宋争战中掠取不少图籍和书版以充实官藏。

元朝虽以蒙古族入主中原，但因不断受到汉文化的影响，对以传播汉文化为主要内容的图书仍给以一定的重视。元初的图书来源主要得之于宋、辽、金，而以从南宋得到的尤多。它不仅接收图书，而且还括取书版，重印图书，并曾两次下令求书，但收效不大。元朝建政后为安抚汉人儒士，鼓励建立书院。据统计，元朝新建书院一百四十三所，兴复五十六所，改建十九所，共二百二十七所。这些书院以理学为主旨，都有相当数量的藏书，有的书院还编有藏书目录。

明太祖灭元后，大将军徐达收集了元大都（今北京）所藏的图书典籍运送南京。这是宋辽金元的旧藏，多为宋元刻本和抄本，奠定了明朝的官藏基础。明成祖建都北京后，又把这部分书运回北京，藏于午门东新建的文渊阁中，同时还不惜代价派人四处求书。至宣宗时朝廷藏书约两万部，近百万卷，其中刻本十分之三，抄本十分之七，达到了前所未有的藏书量。全部图书都贮藏在文渊阁。可惜自此以后，历朝皇帝都不加重视，明世宗甚至公然拒绝臣下抄补藏书的建议。由于皇帝不关心，管理不善，以致火灾焚毁，虫鼠啮蚀，官员盗窃，官藏损坏严重，日益走向下坡路。明神

文渊阁

文渊阁皇帝阅书处

宗万历三十三年（1605年）清理文渊阁藏书时，现藏与原目相校，其结果已是"十不存一"，特别是唐宋善本"悉归于乌有"。所以当时一位著名学者感叹地说，长此以往，我们将回到结绳记事的时代了。在图书毁损的同时，还有意识地削弱官藏的职能，如撤除历代相沿的秘书监这一管理图书的机构，把文渊阁藏书拨归翰林院典藏管理，取消了独立的国家藏书机构，形成明清两代有内府藏书而无朝廷藏书的现象。明朝书院遍设十九省，共有千余所，但并未受到重视，嘉靖以后还多次遭到废毁。它的藏书量尚不太少，一般都有数千卷。

　　清沿明制，没有设立专门的国家藏书机构而分藏于内阁、翰林院及国子监等处。原有的朝廷藏书也因明清之际的动乱而散毁甚多，所以清初顺治至乾隆各朝都多次下令征书，但收效并不显著。乾隆中叶以后，为编《四库全书》，采取若干切实有效的措施，如皇帝御笔题词奖励，用官撰大书换献书，在《四库全书》总目注明献书人姓名等等，起到了重要作用，

文溯阁

文津阁

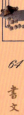

从乾隆三十七年(1772年)正月到三十九年(1774年)八月的两年半时间内,各地进奉的图书量达万种以上,使官藏得到较大的充实。

在修《四库全书》的第二年(乾隆三十九年)即开始建阁以备贮藏《四库全书》的写本,先后建立了北四阁和南三阁。北四阁指紫禁城内的文渊阁、圆明园的文源阁、热河避暑山庄的文津阁和沈阳故宫的文溯阁。建阁工程仿照宁波范氏天一阁。文渊、文源和文津阁落成于乾隆四十一年(1776年),文溯阁的建成在乾隆四十七年(1782年)。到乾隆四十九年(1784年),四阁先后贮藏《四库全书》一部。北四阁的藏书虽未公开开放,但它的建成和使用大大充实了华北和东北地区的国家藏书。南三阁指镇江金山寺的文宗阁,扬州大观堂的文汇阁和杭州西湖的文澜阁,分别建成于乾隆四十四(1779年)年至四十九年(1784年)间。至乾隆五十二年(1787年)将《四库全书》写本三部陆续送到三阁。南三阁是允许士人到阁抄阅的,在传播古代文化方面起到了一定作用。

清宫内还有一些藏书处,如昭仁殿的"天禄琳琅"收藏宋辽金元明五朝的善本书;坤宁宫后的摛藻堂和圆明园的"味腴书屋"分藏《四库全书荟要》各一部;养心殿的"宛委别藏"放置四库续收书等等。清代前期的书院藏书远不及宋明,后经康雍时期的恢复与提倡,由原来的五十一所增加到五百七十一所。这些书院大多具有官办性质,其藏书来源主要是官颁,辅以书院购置和私人捐赠,但终不能与官私藏书相比。

(二)私藏的发达

周秦时期,虽以官府藏书为主,但也逐渐出现私人藏书。私人藏书与私学的兴起有关。周朝后期,以官府官员为师的官学被孔子等人私人讲学所打破,孔子弟子三千便是私学培养的一大批知识分子,当时称为士。春秋战国时期,各国都在分立争雄,各个政权为巩固和壮大自己,很需要有才识的士,这就推动了私人讲学活动。私学的兴盛使图书也开始由官方传入民间。一些"士"为了谋求利禄,便针对社会亟待解决的问题,根据自己的学识,提出种种对策来取悦国君,因而需要大量图书来丰富自己,充实自己的论点。如苏秦曾到各国去发表自己的政治见解来说服各国国君,希望能挤进各国的政治集团,但他没有达到目的,回家后遭受到家庭的冷遇,于是"陈箧数十",发愤读书。这说明苏秦有私藏图书数十箱。当时还有一位著名的名学家惠施有简书五车,这就是后世"学富五车"故事的来源。《韩非子》的《喻老》篇中讲到有个名叫徐冯的人曾对人说过"智者不藏书"的话,也可见私人藏书已非个别现象。"藏书"这个词语可能最早见于此。

私人藏书对保存图书有过重要作用,秦朝焚书,官藏大多被毁,而散在私人手中的便易于保存,所以司马迁在《史记》中分析汉初许多书重新出现的原因是:"诗书所以复见者,多藏人家。"

西汉的学者也都有私人藏书,如刘向、班斿、扬雄都有藏书。西汉末年,王莽篡权,一部分不肯合作的人便带着图书到山林中去隐居,也可以证明私人有藏书。

东汉时私人藏书家比以前增多,著名的有杜林、班固、蔡邕和华佗

三國志卷二十一

王衛二劉傅傳第二十一

魏書二十一

王粲字仲宣，山陽高平人也。曾祖父龔、祖父暢，皆為漢三公。（一）父謙，為大將軍何進長史。進以謙名公之冑，欲與為婚，見其二子，使擇焉。謙弗許。（二）獻帝西遷，粲徙長安，左中郎將蔡邕見而奇之。時邕才學顯著，貴重朝廷，常車騎填巷，賓客盈坐。聞粲在門，倒屣迎之。粲至，年既幼弱，容狀短小，一坐盡驚。邕曰："此王公孫也，有異才，吾不如也。吾家書籍文章，盡當與之。"年十七，司徒辟，詔除黃門侍郎，

五九七

魏書 王衛二劉傅第二十一

《三国志·王粲传》

等，其中以蔡邕最为著名，他是中国第一个藏书近万卷的私人藏书家。《三国志·王粲传》中记载这样一个故事：有一次蔡邕请客，王粲求见，蔡邕因为王粲是位才华横溢的后起之秀，所以匆忙去迎接，以致把鞋子都穿倒了，给后世留下了"倒屣相迎"的成语故事。客人们非常诧异，蔡邕特别介绍了王粲是异才，自己还不如他，并表示要把全部藏书文稿都赠与王粲。蔡邕有权赠书充分证明这是私藏。

三国的一些学者已由单纯收藏进入整理，提高藏书设备和质量的阶段。曹魏有一个名叫曹曾的人为了收藏自己的图书就修了一个石窟，称为"曹氏书仓"。他既然能自建书库，必然有一定数量的藏书。著名玄学家王弼是当时藏书万卷的大藏书家。蜀国丞相长史向朗不仅藏书量居蜀藏书家之首，而且还亲自对所藏书"刊定谬误"，开后世藏书家校勘图书的先河。

两晋的私人藏书比较盛行，著名学者张华藏书甚富，据说他搬家时就"载书三十乘"。有些学者还开放自己的藏书，如范蔚经三世搜求，藏书有七千多卷，他允许别人来阅读自己的藏书，远近来读书的人经常有百余人，范蔚还为一些贫寒之士经办衣食。东晋的殷允、郗俭之等也都被称为"多书之家"。

这一时期的私人藏书也由于纸写书的流行而较前有所发展，出现了不少藏书万卷以上的藏书家。著名学者陆澄、任昉、沈约等都藏书三万卷左右，所藏多有世人罕见的书。这些藏书家不仅只是秘藏，而且还允许他人借阅，甚至如南齐的崔慰祖聚书万卷，邻里少年到他家看书，他都亲自

检取出借，满足要求，作好服务工作。北朝学者辛术、李谧等人也都藏书较多，但因得书困难，私藏量逊于南朝。

隋的私人藏书以学者许善心、柳䚥二人为著名，他们都藏书近万卷，并参用自己的藏书进行目录编纂工作。许善心的私撰目录《七林》和柳䚥的官藏目录《隋大业正御书目录》都是古典目录书中的名作，可惜其书不传。

由于唐代经济比较繁荣，图书制作手段也显著发展，所以私人藏书仍一时称盛。著名学者文人藏书万卷以上的有十五六人之多。如唐玄宗时的史学家吴兢家藏一万三千四百余卷，并自编了《吴氏西斋书目》一卷。另一个藏书家杜暹因为吝啬不愿借书而留下话柄。杜暹在所藏各书上都题三句话："清俸买来手自校，子孙读之知圣道，鬻及借人为不孝。"第一句话是说我用很微薄的收入买来的图书都亲自校正过了；第二句话说希望自己的子孙读了这些藏书都能知道圣人的道理；第三句话警告子孙卖书和把书出借都是不孝的行为。杜暹聚集私藏的艰辛是值得同情的，为使子孙知书明礼也是可以理解的，不允许卖书更是应该的，但借书给人便是不孝，未免言之过甚，而且又过于自私了吧！

唐后期的柳仲郢，私藏颇有特色，他藏书万卷，每书必写三本：一本最佳留作库藏，一本较次是经常翻读的书，一本比较一般，供年轻子弟们学习。这三类书分架安放，不相混杂。唐朝最大的藏书家是自玄宗以来，历仕三朝的李泌。李泌私藏三万余卷，分别用红、绿、白等颜色的牙质书签来区别所藏经史子集等书。因为李泌曾被封为邺县侯，所以后世多把藏书称为"邺架"。李泌精心收藏图书，当时在社会上得到很多人的赞赏，著名文学家韩愈还在

家有書萬卷，所藏必三本：上者貯庫，其副常所閱，下者幼學焉。仲郢嘗手鈔《六經》，司馬遷、班固、范曄史皆一鈔，魏、晉及南北朝史再，又類所鈔它書凡三十篇，號柳氏自備。旁錄仙佛書甚眾，皆楷小精眞，無行字。

《新唐书·柳仲郢传》

《送诸葛觉往随州读书》一诗中专门颂扬李泌藏书说："邺侯家多书，插架三万轴。一一悬牙签，新若手未触。"意思是说邺侯李泌家藏三万卷书，每卷都有牙签，藏书完好如新，像没有人摸过一样，可以想见李泌藏书的繁富和精美。唐朝除了官藏、私藏外，还出现了私办官助的书院藏书。江西德安陈氏私办东林书院，藏书四千余卷，可供借阅。这是书院藏书的开端。书院藏书和官、私收藏以后成为中国的三大藏书系统。五代时也有一些藏书家，但不如唐代藏书家藏书量多，最多的藏书不过几千卷，没有十分突出的私人藏书家。

宋代私人藏书较多，藏书家分布地区遍及边远和中原；藏书量少则数千卷，多则几万卷，而且数代聚书，绵延百数十年而不衰；藏书家有不少著名学者，对图书进行了保护校订整理工作，如北宋的著名藏书家宋敏求，藏书三万卷。他的全部藏书都经过校订三五遍，成为质量较高的藏书；南宋的晁公武，藏书两万四千多卷，都经过他的校订，并撰写《郡斋读书记》的私藏目录。还有陈振孙也尽一生精力研究自己的藏书，撰成《直斋书录解题》。所有这些，证明宋代的私藏活动已从单纯典藏向学术研究领域大大地迈进了一步。辽、金、夏各朝虽都进行不同的藏书建设活动，但成效不显著。

元朝的私人藏书家多为汉人，如著名画家赵孟頫就家富藏书。原为宋秘书省小吏的上海人庄肃，宋亡后隐居上海，亲自抄书，聚书至八万余卷。元朝统治集团的重臣武将如耶律楚材和张柔等人的藏书都近万卷。

明代的私人藏书很盛，特别是江浙闽广一带有若干著名的藏书家，如宋濂"聚书万卷"，杨循吉藏书十万余卷，王世贞藏书三万卷，其中宋版书逾三千卷，徐𤊱藏书五万三千余卷。尤其是范钦的"天一阁"和祁承㸁的澹生堂更具特色和影响。范钦（1506—1585年），浙江宁波人，明嘉靖十一年（1532年）进士，累官至兵部右侍郎。嘉靖四十年（1561年）在宁波月湖之西创建天一阁藏书楼，所藏达七万多卷，是浙东藏书最多的一家。所藏多为明人著述和明代新刊古籍，其中明代方志二百七十一

天一阁外景

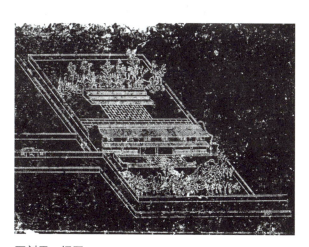

石刻天一阁图

范钦藏书印"天一阁"

69

"范钦私印"

"和鸣国家之盛"

"澹生堂藏书记"

"澹生堂中储经籍,主人手校无朝夕。读之欣然忘饮食,典衣市书恒不给。后人但念阿翁癖,子孙益之守弗失。旷翁铭"

种,有百分之六十五是海内孤本,有登科录、会试录和乡试录三百八十九种,也都是仅见之本。这些藏书是研究明代政治、经济、人物和科技等方面问题的珍贵资料。天一阁藏书楼不仅楼式结构与周围环境的安排合理,而且对防火、防蠹、防潮等保护措施也很重视,清朝乾隆帝修建南北七阁时,特命浙江巡抚派人摹写天一阁图样供建筑时参考。这座距今四百余年的藏书楼近年已修葺一新,成为现存最完整的古代图书馆。

祁承㸁(1563—1628年)是明代后期的藏书家,浙江绍兴人,万历时进士,累官至江西右参政。早年藏书逾万卷,不幸遭火灾,焚毁殆尽,后又以非凡的毅力,重新收集,终于聚书十万余卷。他在丰富的藏书建设基础上,提出了比较系统的藏书建设的理论《澹生堂藏书约》,成为古代藏书建设的重要文献。

清代私人藏书空前兴盛,据统计,著名藏书家有四百九十七人,几占历代总和的一半,如清初的钱曾、朱彝尊、黄宗羲,康乾时的阮元、黄丕烈、卢文弨等。这些藏书家都是有成就的学者。他们的藏书质量较高,而且由于完善藏书,相应地发展了版本、校勘和目录等方面的专学。这些具有颇深学术造诣的藏书家对图书典藏、保护和传播文化都作了卓越的贡献。

书文化九讲

藏书家宋濂像

藏书家黄丕烈像

藏书家黄宗羲画像

宋濂"金华宋氏景濂"藏书印

黄丕烈"读未见书斋收藏"

"虞山钱曾遵王藏书"

"宋廛一翁"

"秀水朱氏潜采堂图书"

钱曾"述古堂图书记"

朱彝尊"曝书亭珍藏"

卢文弨"抱经堂印"

"卢文弨印"

(三)第一次大规模图书整理

　　一个历史悠久、文化遗产丰富的国家,随着文献积累层的增厚,势必不能容许其杂乱堆积而无法区别和检用,那就如同军队的士兵如果不以师旅团营的层次加以编组,便成为散兵游勇,无法统驭而丧失战斗力。所以文献需要分类,有了分类就可以按照门类去查找所需文献,以探求其中的宝藏,使传统文化得以代代相承。

　　中国是最早实现文献分类的国家,公元前一世纪,汉代著名学者刘向父子奉命正式着手图书文献的分类编目工作。这是我国第一次大规模的图书整理工作。但在这以前分类思想和学术分类都早已出现:我国最早的文献汇编《尚书》中就有典、谟、诰、誓等不同体裁的类别。古代的礼、乐、射、御、书、数是六种不同学科的分类,称作"六艺"。《左传》中记楚庄王赞扬左史倚相掌握三坟、五典、八索、九丘的知识,似已是指图书分类了。孔子对弟子的教育分为德行、言语、政事、文学四科,这又是一种学科分类。战国时期,诸子百家,纷起争鸣,各成流派,学术分类更盛。孟轲把当时的主要学术流派分为儒、墨、杨三家。《庄子·天下篇》分天下学术为七派。荀况不仅在《非十二子》、《天论》和《解蔽》等篇著作中介绍了不同的学术流派,而且还提出了"以类行杂,以一行万"和"同则同之,异则异之"的分类原则。这一见解说明了对于大量杂乱的东西只能按类加以编次,把相同的归在一类,不相同的按类分开,明白地表述了分类的意义和方法。学术分类和分类思想的出现和比较成熟,对传递、保存和利用文化遗产有重要作用。而由于它的影响,使中国成为世界上第一个正式进行图书分类的国家。

　　根据历史记载,汉朝从开国始,就正式由朝廷主持征集图书工作。公元前二〇六年十月,刘邦率领部属进入咸阳,谋臣萧何就注意收集秦朝廷的"律令、图书"，不久，又广泛号召"献书"，大量的图书因此向官府集中。为了当时军事上的需要，刘邦就派萧何、韩信"序次兵法"，把搜集到的一百八十二家，取其精华和有实用价值的，编定为三十五家，使上古的军事文献得到了整理。到了武帝元朔五年(前124年)，经过再次开展全国范围的征集与整理工作，结果收到了"书积如丘山"的良好效果。为了适应武帝大一统的需求，有一位名叫杨仆的军事方面官员从中整理了军事文献，编成一部军事文献类编《兵录》。在成帝河平三年(前26年)，由于官藏图书散亡很多，于是一面派专人到全国各地征求，一面组织以学者刘向为首的学术力量整理朝廷所收藏的图书。经过二十多年的努力，终于产生了世界上最早的综合性分类图书目录——《别录》和《七略》。

《别录》和《七略》是把古代的分类思想应用于图书整理，提出了世界上最早的分类法。这对中国把珍贵的文化遗产能有秩序地管理，代代相传和发挥它的社会效力不断产生着深远的影响。这一开拓性的活动在中国文化史，甚至世界文化史上都占有光辉的地位。

《别录》的撰者刘向出生于汉昭帝元凤四年(前77年)，卒于成帝绥和元、二年间(前8—前7年)。他在汉宣帝时已是以"名儒俊材"被选拔到皇帝左右的知名学者。成帝河平三年(前26年)他受命领导整理朝廷藏书的工作。这项工作是对当时重要文化典籍进行一次总结性的大整理。刘向采取了专材校书和分类进行的整理办法。他按照图书内容和性质分成六艺、诸子、诗赋、兵书、数术和方技六个组，分别由专门人才主持。刘向亲自主持他所熟悉的六艺、诸子、诗赋三个组的工作；步兵校尉任宏主持兵书；太史令尹咸主持数术；侍医李柱国主持方技。这既发挥了专门人才的专长，又自然地形成了中国典籍的最早分类。刘向为了使所整理的图书便于皇帝审阅，又创制了为各书撰写提要的形式。这是介绍、推荐和流传文化遗产的开创性工作，成为中国古典目录的主要形式之一。这些提要，先言篇目次第，次言各种不同传抄简书相互校雠的经过和成果，最后叙述作者生平行事和著书的主旨。选用专才整理图书和创制提要目录是刘向对中国文化遗产的整理和传递的重要贡献。

刘向把所写提要的正本随着整理好的图书送呈皇帝之外,自己另外抄留一份,当时人也纷纷传抄,这些别行的提要汇集起来,便被称为《别录》,以区别于送呈的正录。《别录》在唐末五代时佚亡,现仅存辑佚文几篇。

刘向勤勤恳恳工作了十九年,在即将完成全部宏伟事业时辞世而去。他的未完成事业就由他的儿子和第一助手刘歆奉命继承。

刘歆大约生于汉宣帝甘露年间(前53—前50年),卒于更始时(23—25年)。刘歆是一位青年学者,曾协助父亲做了大量图书整理工作。刘向死后,他把总结整理图书成果、建立系统分类目录的重任担当起来,在已有的成果基础上,用了大约两年的时间,撰成了中国第一部系统分类目录——《七略》。《七略》使国家的藏书有所统计,西汉以前的学术流派和科学文化水平也得到了应有的反映。

《七略》包括六艺、诸子、诗赋、兵书、数术、方技六略和六略前的《辑略》。《辑略》是全书的总录,包括总序和各略的序,主要说明各类图书内容和学术流派。其余六略则是分为六大类著录图书的目录,这就是中国图书分类中最早出现的分类体系——六分法,比西方国家出现图书分类法要早千余年。

《七略》是以《别录》的提要为依据而较快成书的。它在六略之下分种,种下有家,家下著录图书。全书除《辑略》外,共分六略(大类),八十三种(小类),六百零三家,共有书一万三千二百一十九卷。《七略》的重大贡献是把中国古代的分类思想具体地运用于整理图书,使西汉末年以前的重要典籍得到了比较系统的整理和著录。这对古代文化的保存与传递起到了重大作用。

可惜《别录》与《七略》在唐末五代动乱时期都已亡佚,使后世难以见到这两项重要文化成就。但是,它们对后世的影响却是不容漠视的。东汉初期的著名学者班固便是在刘向父子事业的影响下,撰写了《汉书·艺文志》，对中国文化事业作出了重要的贡献。

班固生于东汉光武帝建武八年(32年)，卒于和帝永元四年(92年)，字孟坚，今陕西咸阳人。班固是东汉初年著名的史学家和文学家。他的伯祖班斿曾是刘向整理文献工作的参与者和助手，曾向他讲述过刘向的事迹，对其影响很大。他的父亲班彪是位史学家，创编了中国第一部断代史——《汉书》。班固在继承父业完成《汉书》的编撰工作中，就极力推崇刘向，把刘向列为"博物洽闻，通达古今，其言有补于世"的少数几位人物中；他还借用刘向的历史评论来论赞贾谊、董仲舒和司马迁等人。尤其是他把《七略》进行了剪裁和编次，编进他所撰的《汉书》中，特立了《艺文志》，开创了史书中收列图书目录的先例，形成了史志目录的新体制。

《汉书·艺文志》有一篇文字并不长的总序，但这篇总序却概述了汉前学术概况、汉初至成帝时图书的收集整理事业、刘向父子的成就以及《汉书·艺文志》的编成等，几乎可以看作是汉前的学术大纲。全志仍按刘向父子所创的六分法，分为六艺、诸子、诗赋、兵书、数术和方技等六略，略下分三十八类，五百九十六种，一万三千二百六十九卷。原《辑略》内容散入各类。

由于《七略》自唐以后亡佚，所以《汉书·艺文志》成为查考古代文献记载的惟一文字依据，并开启了史志目录这一古典目录学的重要体例，不仅使后世能通过它了解古代文化学术的基本面貌，还可以见到古籍的存亡流传。

（四）图书分类的演变

刘向父子的六分法是中国图书分类的创始，班固继承了六分法，但从魏晋以来，中国文化有了明显的发展和丰富，不仅有外来佛经的传译，还出现了五言诗、乐府诗、文学批评著作、起居注、地方志和氏族谱等等，表现中国文化成就的各种体裁，图书数量随之增多，于是相应地需要改革旧有的整理著录方式。曹魏学者郑默是继刘向父子以后正式为国家藏书进行整理的重要人物。他编写的一部官方藏书目录《中经》，虽然久已亡佚，但从其他文献记载推测，郑默可能采用了四部分类的方法，把汉代的六分法改变为四分法。西晋时学者荀勖在郑默《中经》基础上，编写了一部《中经新簿》，即国家藏书的新编目录。它虽然也早已亡佚，但留传后世的记载比较详细。从中可以知道，荀勖的《中经新簿》用四分法来总括群书：（一）甲部，纪六艺和小学等书；（二）乙部，纪古今诸子、兵书、术数；（三）景部（应作丙部，唐以后因唐高祖父李昞名讳，改称景部），纪史记、旧事、皇览簿、杂事；（四）丁部，纪诗赋、图赞和汲冢书。《中经新簿》共收书一千八百八十五部，两万零九百三十五卷。它所分的四部事实上已是经史子集四大类，不过它的甲乙丙丁编次是经子史集。到了东晋李充编制《晋元帝四部书目》时，虽仍以甲乙丙丁编次，但所记各书已按经史子集排序，并已正式确定了四分法，只不过没有用经史子集来标类名而已。

南北朝时，朝廷在整理图书上没有什么建树，但却出现了两位编写私家目录的学者——王俭与阮孝绪。他们创用了七分法，撰写了《七志》与《七录》。

王俭是南朝刘宋的贵戚，字仲宝，今山东临沂人。他曾要求整理朝廷藏书，终于在刘宋后废帝时完成了《宋元徽元年四部书目录》。与此同时还编了第一部私家目录《七志》。《七志》分七大类：经典志、诸子志、文翰志、军书志、阴阳志、术艺志和图谱志。从这一分类看，《七志》在分类上是有意改变魏晋以来的四分法，而标榜继承刘歆《七略》的传统，实际上意义并不大。一是刘歆的《七略》除了前面总序汇编的《辑略》外，只有六类，是六分法，王俭《七志》的七分是对《七略》分类的误解；二是《七志》的类名仅仅是《七略》的改头换面。试比照如次：

书文化九讲

　　　　《七略》　　　《七志》
　　　　六艺略　　　　经典志

诸子略	诸子志
诗赋略	文翰志
兵书略	军书志
数术略	阴阳志
方技略	术艺志

《七志》的撰者为了凑足"七"这一数字，又把本可按类分入各书的"图"单立一《图谱志》，以足《七志》之数，却又离开了《七略》的传统，而自创了七分法。

另一使用七分法的是南梁阮孝绪的《七录》。阮孝绪，字士宗，河南尉氏人。他不像以前刘向父子和王俭等人那样有较高的政治地位，有权阅览朝廷藏书，又有助手帮助；他只是一位普通学者，缺乏许多必要的物质条件，所以他采取了利用别人成果加以总结继承的著述方法。他参酌刘歆《七略》和王俭《七志》而自定编纂条例，根据一些私人藏书目录与国家书目互校，汇集补正，编成《七录》一书。

《七录》分为内外篇：内篇有《经典录》、《纪传录》、《子兵录》、《文集录》和《术技录》等五录；外篇有《佛法录》和《仙道录》二录。全书有五十五部，六千二百八十八种，八千五百四十七帙，四万四千五百二十六卷。《七录》是当时收书比较完备的一部综合性目录，每书都介绍了作者事迹和图书流传情况。《七录》序中较详细地说明它的七分和类名的确定，都是经过比较研究的，事实上它确比王俭《七志》的分类立名合理。如从当时史学文献数量的现实出发，他把史籍从附庸地位提到独立部类上来，专立一《纪传录》；又如在七大类下又分细类，对后世的分类有重要影响。《七录》应该是七分法的代表作，原书已亡，所幸后世尚流传《七录序》和所附的《古今书最》，使后人不仅得知《七录》的基本概况，而且还对梁以前的文献存佚情况略得轮廓。

在阮孝绪撰写《七录》时，有一位名刘杳的文献学家也写了一部《古今四部书目》草稿，当他得知阮孝绪已着手编撰《七录》时，就毫不犹豫地把自己抄集的资料和所编草稿全部赠予阮孝绪以助成《七录》。刘杳这种不隐秘所得，成人之美的情操表现出一位学者的宏阔胸襟，可惜许多有关著述不加论及，致使刘杳其人其事不显于世。

约与《七录》同时，梁天监四年（505年）编写了一部国家书目，名曰《梁天监四年文德正御四部及术数书目录》，收书两千九百六十八帙，两万三千一百零六卷。这部书实际上采用了五分法，就是把术数一类从四部书中抽出来成为独立部类。这部术数书目录是由数学家祖暅所编的一部专目。这种五分法一直未被采用，直到清末，张之洞编《书目答问》曾一度采用五分法，那是在经史子集以外，又适应现实情况而增立一丛书类。

唐继隋后，出现了统一稳定的局面，社会经济有所恢复，文化事业得到相应发展。这时出现了一部继《汉书·艺文志》之后的史志目录——《隋书·经籍志》。《隋书·经籍志》按经史子集四部分类。四分法虽始于魏晋，但正式以经史子集为类名，而流传至今的，当以《隋书·经籍志》为最早。《隋书·经籍志》分经史子集四部，部下分四十细类，计经部十类、史部十三类、子部十四类、集部三类，各类都有名称。另附道、佛二部，计道经四类、佛经十一类，共合为六部五十五类。但道佛二部有类无书，仅记总的部卷数而无具体书目，与前四部编制方法有所不同，因此，《隋书·经籍志》是一部四分法的目录。四分法至《隋书·经籍志》而地位确定，其排次顺序与类名也都为后世所遵循。清朝学者王鸣盛曾称道它的影响说："唐宋以下为目者，皆不能违。"而四分法影响

《钦定四库全书总目》（坊刻版）

后世最巨者莫过于清朝的《四库全书总目》。

唐宋以来，四分法一直被沿用，虽间或有所改动，如宋人陈振孙所撰《直斋书录解题》直接划分为细类，而不标四部名目，但细审其各细类编次仍以四部先后为次。清人孙星衍所撰《孙氏祠堂书目》虽去掉四部大类，直接分为十二类，但细究其顺序也不过是四部的分化而已。上世纪七十年代后期制订的《中国古籍善本书总目》的分类表中也只是在四部之外增加丛书一部，合五部五百类。因此，四分法一直是对古代文献进行分类编目的主要方法。

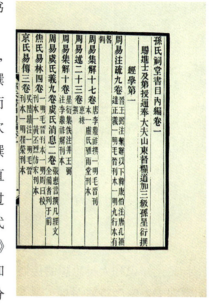

《孙氏祠堂书目》

从六分到四分，中间又有五分与七分以及其他大同小异的分类方法，虽各有不同的时代地位，影响也有所轻重，但是正是由于有这些分类的方法才使得中国的丰富文化遗产得到有次序的编排，易于典藏，便于检索，使中国文化代代相传，绵延不绝。

第六讲　流通与传播

(一)早期的流传方式

　　文化知识和人类思想的传播主要依靠图书的流通,而流通手段正是图书别于档案的重要条件。早在春秋时代,朝廷藏书曾有范围地开放,所以孔子可以到周的国家藏书处所去搜求关于"礼"和编写春秋的资料。进入战国时期,图书开始流传于民间,如韩国的韩非著书十余万字,但很快流传到秦,使秦始皇得以了解到韩非的才能。正是由于图书的流通与传播,活跃了当时的学术思想,从而形成了各种学术流派。百家争鸣局面的出现与此也不是毫无关系的。秦简之在云梦发现,证明了简书的流通。汉初的许多学者如贾谊、司马相如、疏广、扬雄等都是博览群书的饱学之士。他们不仅读自己的藏书,也可能向他人借书读,因此图书在士人们之间流通;有些经学大师,还利用自己的藏书传播经学,培养了许多经学家。东汉时,图书已经成为在市肆流通的商品。当时有位大思想家王充,曾撰写过《论衡》一书,是中国哲学思想的珍贵遗产。他年少时家贫无书,经常留连在洛阳的书肆中,阅读书肆中所卖的书,由于资质聪明,一读就能记忆,终于"博通众流百家之言",成为大学问家。另一位史学家荀悦,曾撰写史学名著《汉纪》,也是家贫无书,依靠诵读书肆中简书而成才。图书通过书肆这一流通渠道,传播文化,并培养了人才。这可能是书肆主人所始料未及的。当时图书的流通主要靠抄写，所以社会上就出现了专门以抄写为业的佣书人，如著名外交家班超少时家贫，于是为官方抄书得钱养家，后来感到抄书厌烦，便丢弃佣书工作，参加通西域的事业，为后世留下了"投笔从戎"的故事。

魏晋南北朝时，图书量大增，学术思想也比较活跃，各种文化都有发展，迫切需要流通，加以晋以后，纸写书盛行，图书流通更有条件，抄书成为一种图书流通、文化传播与传递的主要手段，佣书也成为一种专门行业。无论佣书或贩书，都对当时图书的流通和文化的传播与传递作出了贡献。

除了国内流通、传播和传递外，魏晋以来还发展了对国外的交流，如三国孙吴曾派康泰、朱应出使扶南（今柬埔寨），经历和听到了百多个国家的情况，于是康泰著《外国传》、朱异著《扶南异物志》，把海外见闻传播到国内。当时这种情况不少，《隋书·经籍志》中著录了记载外国史地情况的著述有几十种。中国书籍也有不少传到日本和朝鲜，如西晋时，《论语》就传到日本。南北朝时，中国文化典籍如《五经》、《千字文》等都由朝鲜传往日本，对日本封建文化的发展产生了相当大的影响。与朝鲜的交往更为频繁：宋元嘉二十七年（450 年），宋文帝应朝鲜半岛百济王请求，赠送了《易林》等图书；梁大同七年（541 年）又应百济王之请，派《三礼》学者陆诩前往讲学。中国的《五经》、《三史》和《三国志》等书都陆续传入朝鲜，朝鲜许多人都能诵读讲解，也有人能用汉字写作。

（二）佛经的求取与译经

佛经的求取和翻译活动促进了魏晋南北朝时期的中外文化交流。那一时期从印巴次大陆来中国从事佛经翻译的僧徒有七十多人，他们的活动直接促进了佛教文化的传播，丰富了中国文化的内容。同时，中国僧徒不畏艰险西行取经求法的，史传记载有八十九人。曹魏的朱士行是第一位去西域取经的僧人。他在魏甘露五年（260年），从雍州（陕西长安西北）出发，越过沙漠，到新疆的和田，求得梵文本《放光般若经》九十章，六十余万字。派弟子送经回洛阳译出，比原在中土流行的《般若经》补充甚多，他留在西域直至八十高龄才病故。

另一位杰出代表是东晋的释法显。法显俗姓龚，今山西襄垣人。少时出家为僧，对佛经很有研究，他感到当时佛经的律藏传译不全，决心去天竺取经。他于后秦弘始二年（400年）从长安出发，西渡流沙，越过葱岭，经过六年的艰苦跋涉，终于到达中天竺夏多

《法显传》

王朝的都城巴连弗邑（今印度巴特那）。当时的巴连弗是五天竺的政治、经济、文化中心。法显在那里住了三年，学习梵书、梵语，并撰写佛律，又搜求到经、律、论六部。后来，他又到经瞻波国和师子国各住了两年，于东晋义熙八年（412年）回到今山东青岛崂山，以后到建康（今南京）专门从事译经和写作。法显西行历时十六年，游历三十余国，带回许多经律，并翻译了一部分。此外，他还写了著名的《佛国记》（一作《法显传》），记述了旅途见闻，是研究古代中亚、印度和南海各地的地理风俗和宗教情况的重要资料。《佛国记》已被译成英、法等国文字。

二十世纪初，敦煌莫高窟发现一大批魏晋至唐的纸写古卷轴本图书，有佛经、经史子集和文书契约等；有汉文和古代少数民族文字，甚至还有中亚、西亚、南亚和欧洲文字。一九〇七年，斯坦因在敦煌附近长城

书文化九讲

古烽燧遗址中发现九封粟特文书信。粟特文是居住在我国西北和前苏联中亚一带粟特人所使用的文字。从这些例子可以想见魏晋南北朝时期中外文化交流的活跃情况。

前秦建元八年（372年），苻坚派使臣和僧人送佛经和经论到高句丽，高句丽便兴建寺院，成为朝鲜佛教的开始。陈天嘉六年（565年），陈文帝派使送佛经一千七百多卷到新罗。这些文化交流促进了与友邻国家的睦邻关系。

(三)唐宋时期的流通与传播

唐朝由于雕版印刷术的发明,对图书的流通和文化的传播创造了更良好的物质条件，特别为民间日常生活的需要提供了方便，如历书、字书、小学和一些民间通俗读物也在江南、四川一带刊印流通。穆宗时,元稹和白居易的诗作被单篇刊印,流传街头;文宗时,由于民间印行日历,数量很大,迫使文宗不得不下令禁止私印日历流通。唐朝中外图书的交流也很繁盛,首都长安当时对外经济、文化交流也很繁盛,既是当时对外经济、文化交流的中心,也是外国使臣、商人、学者、僧侣和留学生麇集的国际性城市。他们带来各国的文化,带走大批中国书籍,将灿烂的唐文化通过图书的流通而传播四方。当时的交流对象是日本、朝鲜、印度等国。日本在七至九世纪间与中国交往最频繁。在有唐一代,日本正式派出的遣唐使团多达十三次，每次不少于百人。每次回国,都带走大批图书。到九世纪末，日本所藏汉文图书已达一千九百七十九部,一万六千余卷。其中科技

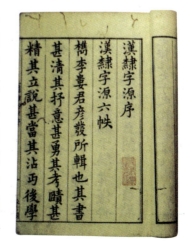

日本宝历二年覆刻中国《汉隶字源》

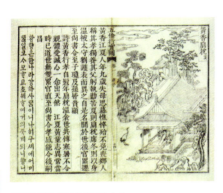

朝鲜刊印《汉字谚解本》

《白氏长庆集》

著作达三千余卷：其中有《周髀》、《九经》等数学书；《日月食晕占》、《天宫星占》等天文学书；《素问》、《难经》、《脉经》、《黄帝针经》和《神农本草》等医药书。这些图书的传播对日本科技发展具有重要作用。唐代的诗歌，特别是平易浅显的白居易诗作更为日人所欢迎，有《白氏文集》七十卷和《白氏长庆集》二十九卷。大部头的类书如《华林遍略》、《修文御览》和《艺文类聚》及一些礼书、乐书等都流传到日本。

朝鲜一直是中国文化外传的主要渠道，对中国文化也重视，如唐朝文学家张鷟的文章就很受朝鲜等国的欣赏，朝鲜每次派使者来中国，都用重金购买张鷟的文章；白居易的诗篇也在朝鲜广泛流传。

中印文化交流，高僧玄奘和义净的贡献尤大。玄奘在太宗贞观初年赴印度从高僧求学，于贞观十九年（645年）正月二十五日回国，带回数量众多的佛教经典进行翻译，所撰《大唐西域记》记录了中亚、阿富汗、印度和巴基斯

《大唐西域记》

坦等一百多个国家的历史、地理、风土人情等，是一部介绍域外情况的宝贵的文献资料。义净于高宗咸亨二年（671年）由广州海路赴印度，先后游历三十余国，逾二十五年，于武后时回国，带回佛经四百部，推动了中印文化的交流。他还编写了《大唐西域求法高僧传》，介绍印度和东南亚地区国家的宗教、文化以及中国入印僧人的事迹。

此外，唐朝各个时期与尼泊尔、斯里兰卡和阿拉伯等国都进行了不同程度的图书交流，起到了互相传播文化的作用。

五代十国虽然各国政权分立，更迭频繁，但对图书的流通和文化的传播仍有所注意。其

玄奘取经路线图

中卓著的成绩是从后唐长兴三年(932年)开始,中经后晋、后汉,至后周广顺三年(953年),历经四朝二十一年(932—953年)而刊成的监本《九经》。监本《九经》之刊印,不仅是儒家经典合刊的开端,而且还使后来的历代封建政权,都把确立国家标准本的任务,由过去的石经转而赋予朝廷出版的"监本"或殿本去完成。这在传播与流通文化方面有着划时代的意义。当时有些高官也都乐于从事流通传播文化的活动,如石晋宰相和凝,擅长短歌艳曲,自己写刻印行流行;后蜀宰相毋昭裔少年时代借书受辱,得意后自行出资刻印《文选》、《初学记》和《白孔六帖》,这是私人刻书之始。他们凭借权势所进行的这些活动,在增加图书流通量和扩大文化传播方面还是有贡献的。

宋朝的官家藏书与私人藏书都按一定读者范围开放流通,如官府藏书或宫廷藏书,对高级官僚开放;如工作需要,还可以供一般官员查阅资料,著名科技史家沈括在使辽时,为外交谈判作准备,曾详细查阅了有关宋辽边疆地带的历史文献。这些馆阁藏书还专门有外供书库,建立借阅制度,设置专职人员。地方州学藏书也允许外借,因为有的藏书还印有"关借官书,常加爱护"的字样。私人藏书更是广为流通,著名藏书家宋敏求藏书量大,质量高,所以喜读书的人就在宋府附近租屋居住以便借书,以致宋府附近的房价高涨一倍。宋朝对周边少数民族政权采取文化封锁,严格限制图书出口,但事实上禁而不止,因为当时辽以十倍高价收买图书,因此汉文图书大量

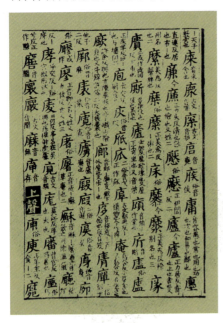

《龙龛手鉴》

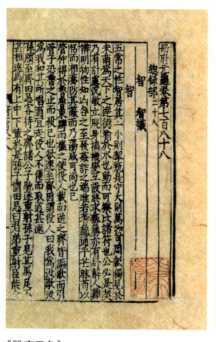

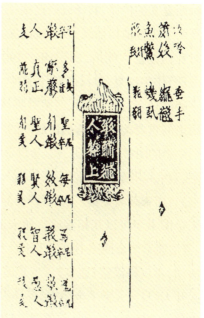

《册府元龟》 　　　　　　　　　　　　　　　《蕃汉合时掌中珠》

输出,传播了汉族文明。辽也与宋采取同样的封锁政策,规定了文字出境处死刑的峻法,但也不能奏效,如辽的著名图书《龙龛手鉴》便流传在宋朝。《龙龛手鉴》原名《龙龛手镜》,辽释行均著,宋刻本因避讳改为《龙龛手鉴》。本书为使佛教徒通解经典文字而编,收入两万六千四百三十余字,注十六万三千余字,是了解佛家造字方法和当时语音词汇的重要著作。西夏收藏的汉文图书很丰富,其中多来自宋朝。宋仁宗嘉祐七年(1062年),西夏曾准备用五十匹马的代价,求取宋太宗御制诗章草隶书石本和监本《九经》、《册府元龟》、《唐书》等。次年,宋赠西夏《九经》、《孟子正义》和一些医书,而谢却换书的马匹。

　　宋夏关系断绝,西夏转而通过金来搜求汉籍。西夏得到汉籍后,有计划地翻译为西夏文字,如《孝经》、《尔雅》、《四言杂字》和一些经子书籍都有西夏文刊本。其大规模的译书活动是组织对由宋朝赠送的《大藏经》进行西夏文的传译,共译成西夏藏经三千六百二十余卷,传播佛教文化。西夏为了更好地传播汉文字,就以汉文注为依据,自行编写汉籍的注释。同时在西夏仁宗乾祐二十一年(1190年)由骨勒茂才编成的《蕃汉合时掌中珠》作为汉夏、夏汉的对译字典,在西夏字旁注汉字读音和释义,在汉字旁注夏字对音、译语,两两对照,极便检阅,是研究西夏语言文字、社会历史的重要著述,对沟通民族间的文化交流有着重要作用。

金的图书多来自辽、宋。金世宗曾在弘文院设译经所来翻译汉籍。世宗、章宗两朝传译了大量汉籍,如《易》《书》《论语》《孟子》《老子》《新唐书》《唐宋著名文集》《贞观政要》等多种,使汉文化得到了广泛的传播。宋金图书还可以互相流通,如宋遣使到金的礼物中就赠送过司马光的《资治通鉴》,金的图书也见于宋金互市的市场上。元朝也有大量的译书活动,不仅译汉籍《通鉴》《贞观政要》和佛经等,而且还将蒙古著作《圣武开天纪》《太宗平金始末》等译汉;不仅以蒙译汉,而且还以畏吾儿等多种文字译书。其文种之繁、数量之多、范围之广都超越辽夏金诸朝。辽夏金元的传译汉籍和与宋的图书交流对增强各民族文化的融合和发展中华民族统一文化都起过重要的作用。

(四)明清以来的流通与传播

明朝由于刻书业的兴盛,相应而起的则是图书市场的发达,许多政治、经济、文化中心都形成书市,如北京、南京、苏州、杭州等地都有专门书市和专业人员,使图书通过商品流通的途径,供应人们的文化需求。国家藏书除政府藏书比较严格控制外,国子监和地方州县学的藏书都允许士子借阅,但不准外借。私人藏书有一部分人世袭珍藏,不轻易示人,如金华藏书家虞守愚在他的藏书楼门口牌示"楼不延客,书不借人"。著名的天一阁订立严格禁约,不许外人借阅,甚至家中妇女也不许登楼阅读。有的人虽然允许借阅,但条件极严,如祁承爜的澹生堂规定本家子孙只能

书文化九讲

利玛窦与徐光启

利玛窦

在藏书室阅读，不能带回住处，亲友只能借阅副本等等。但是也有思想开放的，如江阴李鹗翀主张天下好书，当与天下读书人共之，并且对外借阅做到"朝发夕至"，使图书流通，产生传播文化的效能。

明朝的翻译西书是中外交流文化的一项重要活动。明代后期以利玛窦为代表的耶稣会士为了传播天主教义，带到中国一些哲学和自然科学的书，不仅通过自己学习汉语进行翻译，还与中国士大夫如徐光启等人合作译书，使西方文化传入中国，如利玛窦与李之藻合译的《同文算指》是介绍欧洲笔算的第一部著作，对后来的算术有很大的影响；汤若望译行《远镜说》是传入西方光学的第一部书；艾儒略等所译《职方外记》介绍了五大洲各国的风土民情、气候、名胜等；邓玉函译《泰西人身说概》是西方人体学传入中国的开始。外国传教士先后持续近六十年的译书活动，虽然内容比较陈旧，但这是中国与西方文化融合吸收的开端，传入的西方哲学和自然科学知识颇有可借鉴和参考之处。

利玛窦译《西字奇迹》

明代的外交活动比较频繁，图书输出外国甚多。当时中国在世界上，特别是亚洲各国中，其物质文明与精神文明都很为这些国家所羡慕，他们把输入图书作为汲取中国文化的重要途径，而明朝朝廷则借图书输出以扩大政治影响。明朝在遣使出国时往往带去明朝历书《大统历》，给予臣服于明或明朝准备使之臣服的国家。安南、日本、爪哇都得到过这种赠书。外国使臣来访，回国时往往受赐一些书籍。如洪武二年（1369 年）赐朝鲜使臣以"六经"、"四书"和《通鉴》等；永乐二年（1404年）赐暹罗（今泰国）使臣《列女传》百册。永乐五、六年（1407—1408 年）曾把成祖徐后所撰《劝善》、《内训》各百册赐给日本使臣带回去。那些跟

书文化九讲

随使臣来的商人、僧侣也都赐买一些图书带回国。明朝图书的大量输出，使明朝的先进文化传向国外，对传入国社会生活和科学文化的提高起了积极的推动作用。这是中外文化交流中值得重视的事迹。

清朝前期，市场买卖是图书流通的主要方式。私人藏书的出借和传抄，朝廷的颁赐，南三阁《四库全书》对士子的开放，对图书的流通

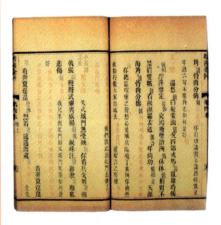

《劝善金科》

汤若望　　　　　　　　　　　　艾儒略《天主降生出像经解》插图

也起了补充作用。清朝前期南北两京和苏杭二州依然是图书交易中心。其中尤以北京的琉璃厂书肆最为繁盛。琉璃厂在清初便是一个繁华集市，许多书贾要在此设摊卖书。康熙以后，迅速发展到有几十家书坊。乾隆时纂修《四库全书》，刺激了各地书商纷纷进京设肆售书。所经营的图书多是有价值的罕见本、精刊本和名人手稿；有些学者多来访求需用的图书，有的甚至在琉璃厂赁屋居住以便就近得书。如王士禛、孙星衍、黄丕烈等都在琉璃厂附近居住过。近三百年来琉璃厂成为流通图书、传播文化的中心而驰名全国。

　　在市场买卖以外，私人藏书家间常以互相借阅、借抄来流通图书，清初藏书家黄宗羲读完家藏的万卷书后，曾向许多著名藏书家借抄图书，借书对象有黄丕烈的千顷堂、钱谦益的绛云楼、范钦的天一阁、徐乾学的传是楼等多家。乾嘉以后，藏书家彼此有无相易，互相抄补已成一时风气。这不仅加强了图书流通，也增加了各家的藏书量。清代后期，中国社会进入了半殖民地半封建时期，由于西方和日本的思想文化的传入，图书也相应输入，除了外国人进行译书外，一部分接受西方知识和思想的

业东南山水秀伟
奇丽以西湖为冠自昔
名儒硕士灌翰挥毫
丰碑林列煦可为多之楷模者直无二百
辛华临辛以来
辰章僑藻辉映湖山摹法帖者以良墨佳纸
敬谨拓摹士庶得之珍逾球壁

琉璃厂书贩

维新知识分子也纷纷投身于译书与介绍活动中,加速了东西方文化和中国的交流。有的私人藏书家逐渐开放藏书,甚至出现浙江绍兴古越藏书楼的公开借阅,服务社会的趋向,原有的以藏为主的藏书楼逐渐向藏用结合的图书馆模式发展。图书的流通日益通畅,文化的传播更加活跃,对整个社会的发展起了推动作用。

第七讲　幼学教育

(一)幼学教育的原始

人类要把自己已有的文化知识传之后世,不外两种途径:一是口碑相传,二是文字记载。口碑相传有它一定的价值,但往往由于无意的记忆模糊和方言差异而失真。因此,文字记载就成为更主要的流传途径。要掌握文字记载的繁多内容首先必须识字,如果连字尚且不识,其他都无从谈起。古人似乎很早就意识到这一点,所以在启蒙教育中把识字教育放到十分重要的位置上去。这种教育就被称为"幼学"。

幼学之名,始见于《礼记·曲礼上》:"人生十年曰幼,学。"《孟子·梁惠王下》也说过"夫人幼而学之"的话。又因为它是启人之蒙昧,故又称蒙学。幼学先从识字入手,根据现存的一部古代目录书——《汉书·艺文志》的记载,识字课本已有十家四十五篇,最早的是《史籀篇》,接着有《仓颉篇》、《爰历篇》和《博学篇》。汉代合三篇为一,总名为《仓颉篇》,又称三苍。同时又有《凡将篇》和《训纂篇》之作,但均已亡佚,仅后世辑有片简只字。

能见到的最早识字课本是汉元帝时史游所著的《急就篇》。

《急就篇》共有两千一百四十四字,据前人考证,末尾的一百二十八字是东汉时人所补加,所以原书为两千零一十六字。它用三言、四言、七

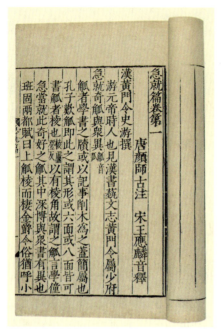

《急就篇》

言的韵语把这些单字编成有内容含义并便于诵读记忆的读物，起到了识字和传授一些基本知识的作用，如"稻黍秫稷粟麻粳，饼饵麦饭甘豆羹"二句，除了让人认识这十四个字以外，还使儿童知道一些农作物和食用品的知识。这本读物流传时间很长，影响很大，有些学者为它注音义，有些书法家拿它作书写题材。虽然从唐、宋以后，《急就篇》的独尊地位渐渐衰落，被新出现的一些识字课本所代替，但它的影响仍然存在，宋朝学者欧阳修所撰《州名急就篇》和王应麟所撰《姓氏急就篇》都还利用《急就篇》的模式和声名。

继《急就篇》之后是南梁时期出现的《千字文》和宋朝出现的《百家姓》与《三字经》。这三本书从宋元以来一直流传盛行，是一整套启蒙性质的必读识字课本。这套书虽是识字课本，但除《百家姓》主要是记诵姓氏外，《三字经》和《千字文》都超出了单纯识字书的范围，而兼有进行封建思想教育和传授基本常识的内容。

这三本书已经相沿配合成一套系列识字教材，社会上便习惯地称它们为"三·百·千"。这个惯称实际上包含着学习顺序。明朝的教育家吕坤曾说过："初入社学，八岁以下者，先读《三字经》以习见闻；《百家姓》以便日用；《千字文》亦有义理。"这套书不论其读物内容、学习顺序和施教方式，都应算是一条正规教育的道路。

与正规教育之路并行的幼（蒙）学教育，还有一条业余教育之路。它的读者不限年龄,不拘身份,男女老幼都可以选择这条识字途径。比如他们或是店铺里搭床板、提夜壶的小跟班,或是农村中牵牛扛锄的小长工,或是抱弟携妹、烹茶煮饭的细妹子。这些人没有时间去读官塾、私塾,但又想认几个字,于是,有的在工作中跳跳跶跶地认一个,算一个;有的利用工余,拖着疲惫的身躯,硬撑着合上来的眼皮,借助于豆大的灯光,连续多认它几个字。这种所谓幼学不是从年龄立意,而是指启蒙的初学。这是一条非正规的业余教育之路。它的主要读物就是因地制宜、因事制宜,以不同字数编排的各种"杂字"。"杂字"虽然在正规教育中也作为不准备走仕途的子弟的一种读本,但历来没有受到应有的注意。可是,它确是传统幼学教育中很重要的另一组成部分。其数量很多,有全国通用的,也有地方独有的;内容深浅不一,范围不同,作者大多佚名。

(二)三字经

《三字经》既是识字课本,也是增广见闻的教材。它被人们置于《百家姓》和《千字文》之前的首要地位。近代学者章太炎评论《三字经》时曾说:"观其分别部居,不用杂厕;以较梁人所集《千字文》,虽字有重复,辞无藻采,其启人知识过之。"社会上习惯用语"三·百·千",正是《三字经》本身作用和蒙学教育约定俗成次序的反映。

《三字经》的撰作年代和作者,历来有不同说法。清人夏之翰肯定它的作者是宋元之间的学者王应麟,并认为《三字经》的内容是"要而该",即既有重点,又较概括。但是,有的学者对此持有异议,如章太炎审慎地表示《三字经》内宋以前部分,当如相传所说为王应麟所写,但辽金以下则是明清人所续。又清人笔记《坚瓠集》的撰者褚人穫以《三字经》中有某些史实疏误处与王应麟的学识造诣不合而否认王应麟是《三字经》的作者。有些学者如清初的屈大均根本否认王应麟所撰的说法,而指明《三字经》的作者是宋元之间的顺德人区适子,后来也有赞成此说的。作者虽然

《三字经训诂》

《三字经注解备要》

尚难定论，但有一点可以肯定，《三字经》大约成书于南宋，元明以来又经过不断补充而日益普及了。

《三字经》的清初本有三百八十句，一千一百四十字，后来比较通行的本子有四百一十六句，一千二百四十八字。全书主要包括学习态度、封建伦常、日常事务、历史知识和勤奋人物等内容，有些语句至今还有劝诫的意义，如"玉不琢，不成器，人不学，不知义"；有的语句成为人们共识的常识，如"稻粱菽，麦黍稷，此六谷，人所食；马牛羊，鸡犬豕，此六畜，人所饲"，使"六谷"、"六畜"的概念留传至今。其中叙史部分最有特色。它用了三百余字，把历代统系，按事件人物，纵横交错，顺次而下地加以简括说明，写意般地勾画了几千年的历史轮廓。这本仅仅千余字的小书就以白描笔法和三字句式向蒙童传播了封建社会人们所需要的文化基本知识和道德规范要求，并使它广泛流传，经久不衰。

《三字经》的内容包含两部分：既有从传统文化中撷取到的有用知识，又有宣扬封建伦常，进行教化的说教。这样就既满足了群众的需求，又符合统治者的利益，故而成为全民性的流

书文化九讲

行读物。同时三字句体裁，合乎人们的诵读习惯，表现出抑扬顿挫的节奏而为人们所乐用。内容与形式的融和正是《三字经》之所以有深远影响的原因所在。

明清以来有多种《三字经》的注释和图解，都比原文增加多倍，如清人贺兴思所撰《三字经注解备要》不仅填充大量注解材料，而且还变动观点，如把"魏蜀吴，争汉鼎"的原句改为"蜀魏吴"，这一次序的变动正表明《备要》撰者以蜀为正统的观点。另一本是清人王相所撰《三字经训诂》。在每两句下都作出解说，其他尚有尚仲鱼所撰《三字经图注》，按文字故事绘图注明，分两层楼刊版。这些注和图对了解《三字经》的文义和增强生命力有着重要作用。另外，清朝还有译本《蒙汉三字经》和《满汉三字经》在满蒙族中普及。

在《三字经》广泛流传的影响下，后世出现了形形色色的《三字经》命名的不同内容的识字读物。如《太平天国三字经》是洪秀全亲自指导，由卢贤拔、何震川等所撰，全文共三百五十二句，一千零五十六字，主要内容讲上帝会教义和皇上帝威力，指斥历朝历代统治，提出革命要求与纪律，是其初期的革命宣传品。辛亥革命以后出现了《共和新三字经》，全书共三百零四句，九百一十二字，并有插图二十二幅，内容明确划分革命与改良的界限，论证革命的必要性，如"犬守夜，鸡司晨，不革命，曷为人？蚕吐丝，蜂酿蜜，不革命，不如物"等等。其他尚有《时务三字经》、《重订三字经》、《地理三字经》、《医学三字经》和《历史三字经》等多种，但无论其作用与影响都不如《三字经》的原本。

（三）百家姓

《百家姓》，是将四百七十二个只便诵读而毫无含意的姓氏连缀成四字句，共一百一十八句。因为北宋末大诗人陆游在他的诗注中已把《百家姓》定为杂字类的"村书"，即民间通俗的识字读物，加以它的首句"赵钱孙李"用宋朝国姓"赵"字居首,所以肯定它是宋代的识字课本。《百家姓》字数较少,姓氏除了几个少见难读的以外,大部分是周围日常容易接触到的,耳闻与目见一结合便易于记忆,而且四字句既无需要理解的含意,又便于诵读,所以为学童所乐于接受。

《百家姓》的宋皇朝色彩浓厚,所以不能为另一皇朝所接受。明初就有吴沉、刘仲质所编的《皇明千家姓》,刊于洪武十四年(1381 年)。全书有单姓一千七百六十八个,复姓二百个,共收姓一千九百六十八个,两千一百六十八字。由于是明朝的姓氏书,所以便以"朱"姓开头,仍以四字为句,编成有含意的句子,如:

朱奉天运　富有万方

圣神文武　道合陶唐

学弘周孔　统绍禹汤

荡平胡狄　混一封疆

……

这些充满歌功颂德的四言句除了开首这些外,结尾部分也还有不少,其他内容多以事物类别连缀,如"牛羊犀象,彪豹狼熊"等等。它同样

书文化九讲

《御制百家姓笺注》

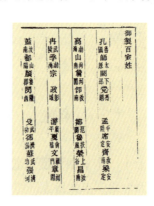

清《御制百家姓》

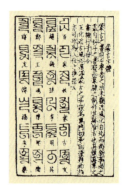

《蒙古字百家姓》

地由于更加浓厚的皇朝色彩，而且识字量扩充到几乎五倍，又在识字外增加了含义，超越了蒙童的智力承担量，所以可能在明朝流传一时，而终于不能取代原本《百家姓》。

清朝康熙对于赵朱二姓打头的姓氏书可能也不满意，所以又另编《御制百家姓》，但是满又无法编排，于是就标榜尊崇儒学，抬出孔孟两家居首说："孔师阙党，孟席齐梁。"接下去就编孔门弟子故事，如"冉季宗政，游夏文章"。这本姓氏书虽然避免了皇朝色彩，但是要以四字句来组织文义，就难免出现过于概括抽象，既增加了三家村学究的负担，也不易为蒙童所接受，反不若《百家姓》只认字模方便，所以这本姓氏书也未能广泛流行。

有的人嫌旧本《百家姓》有缺漏，如商岳涂来和左丘、叔孙等姓均不见载，而且又无文义，就着手重加编组。明末黄周星的《百家姓新笺》（一题《重编百家姓》），便重编为单姓四百零八个、复姓三十个，仍维持旧有的四百七十二字的姓氏书，并使各四言句有独立含意，如"尚慕隆古，胥仰盛王，万方弘赖，怀葛虞唐"之类的语句。撰者用心可能很好，但如此深奥的文义，又岂是仅求识字的蒙童所能理解，自然也只能在官府推动下流通一时罢了。

《百家姓》的增补重编各种本子始终未能取代旧本《百家姓》。旧本《百家姓》不仅久长地被民间公认为适当的识字课本，而且还有《蒙古字母百家姓》和《女真字母百家姓》等在兄弟民族间流行。

（四）千字文

《千字文》是"三·百·千"中成书最早的一本，但排次却在后面，这或是由于《三字经》文义浅显，《百家姓》字量较少，所以使《千字文》的覆盖面相对减小，不过它仍不失为一本好的识字课本。它一直与《三字经》、《百家姓》配套流传千余年而不减色。

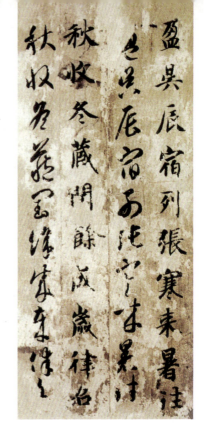

《同文千字文》　　　　　　　　　　　　　　　隋释智永书《千字文》

　　《千字文》的成书还有一段比较可信的传说。《千字文》约在南梁武帝大同年间(535—546 年)完成。那时,梁武帝曾把书法家王羲之所写的一千个单字交给周兴嗣依韵立意,编次成文。周兴嗣在南梁任散骑常侍、给事中等官,颇有文名,受命以后,费尽思考,一夜之间编成四言次韵的《千字文》,基本上无重复字,将自然现象、历史名物、修身处世、优美景色等内容加以描述概括。据说,周因此须发都白,足见其耗费心力之深。《千字文》由于立意好,并能琅琅上口,所以很快就流通起来,加之后来王羲之的后人释智永亲写《千字文》,成为中国书法的瑰宝,更加使《千字文》流传久远。

　　《千字文》把毫无关联的单字连缀成篇,内容条理连贯,用"天地玄黄,宇宙洪荒"开头,然后再逐条解释天象地貌。有些句子还教人立身处世的道理,如"知过必改,得能莫忘","尺璧非宝,寸阴是竞",至今仍有借鉴价值。这二百五十句虽然成书仓促,但并无生拉硬凑、艰涩难懂的弊病，而是词意明显，文字流畅，音节自然，很便于背诵记忆。

《千字文》兼包识字求知的内容，所以流传较广，而且在民间又突破上述的范围，成为计算数字的序词，往往把量多的东西以天地玄黄来编次以便查取。明代的官修目录《文渊阁书目》的图书著录，没有按经史子集的四部分类登载，而是首先将藏书以千字文排次为序；自天字至往字，凡二十号，分贮五十厨，共贮书七千余种，然后再分类。这种用千字文排次的藏书方法，有几种

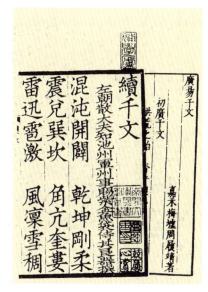

《广易千文》

私家目录如《脉望馆书目》及《汲古阁藏书目》曾多加采用。民间对首屈一指的事情常常说"天字第一号"。天津甚至用《千字文》来标列路名，如河北区有天纬路、元纬路、黄纬路、律纬路等等。这些都证明《千字文》影响之大。《千字文》原本首句的"天地玄黄"，在清朝改为"天地元黄"，那是因为康熙帝名玄烨，而不得不避讳，把"玄"字改为"元"字。

《千字文》也像《三字经》和《百家姓》那样，问世以后，陆续出现若干补编和改编本，隋唐时期已有五、六种；宋代以后竟达数十种，甚至有"万字文"之类的书出现。这种补编和改编本，有的是增广补充，如宋人《续千文》和明人周履靖辑的《广易千文》。《广易千文》收录了四种不同补本，达四千字之多。有的是利用《千字文》的名义和形式来进行专业性教育，如宋胡寅的《叙古千文》用一千字，按四字句，顺述了从上古至宋的历史。明人李登的《正字千文》则是辨正字的形音，如：

戊戎戍戌　　胄胃母毋　　柬生阑炼

东生栋冻　巳生汜祀　己生忌记
折拆小异　析杤微分

这本书的内容虽略感繁琐枯燥，但它兼有认字辨字的双重作用，针对目前不太注意字形和读音的情况，还有一定的借鉴意义。不论是补编新编都未能取代旧本《千字文》，主要就是后出各本都违背了蒙童识字求知的承受力，欲速则不达的超前行为在基础活动中往往是事与愿违的。

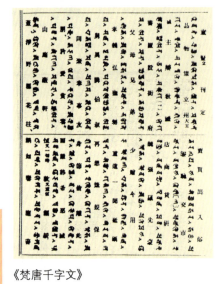

《梵唐千字文》

《千字文》不仅有汉字本，还有满汉对照本和蒙汉对照本，在满族、蒙族中供蒙童认识汉字。日本也有《千字文》刻本供日本人学汉字之用。另外还有一种汉字、梵文（有汉字注音）、日文对照的《梵语千字文》（一名《梵唐千字文》），日本享保十二年（1727年，清雍正五年）刊本，题三藏法师义净撰。此书千字，与周书编次不同，如开头"天地日月，阴阳圆矩"，意义也比较浅显易懂，可能是日本僧人学习译经时所用。

"三·百·千"统加起来不过两千多字，立意也易于理解，又各有侧重，能不断更换，循序而进。这种偶然的配合恰恰符合儿童认字求知的智力承受规律，因此，这套读物也就始终流传，而不为他书所取代。

（五）杂字

幼学教育的另一条路是业余教育，农村中的小长工、作坊里的小徒弟、店铺里的小伙计等等都没有完整的学习时间，只能偷闲认点字，其读物就是杂字。它按行业、地区的具体事物，以不同字数编排起来，由书坊印刷而流行很广，但纸墨不精，难以保存，所以搜求不易。我在北京大学、天津师范大学图书馆和首都图书馆看到过《叶韵四言杂字》、《眉公先生四言群珠杂字》、《世事通考全书》、《新增万宝元龙杂字》、《对相杂字》、《改良绘图庄农杂字》、《增广改良四言杂字》及语言学家张志公先生所藏明万历二十二年（1594 年）刊印的《新锲鳌头备用杂字元龟》与或为明刊的《新锲便蒙群珠杂字》。后来又从天津杂字收藏家王慰曾先生处取得《天津地理买卖杂字》三种版本（一九二〇年，一九二九年，沦陷时）和《士农工商买卖杂字》。天津味道十足，极具地方特色，内容也趣味盎然。这些书的作者不是佚名，便是名不见经传，不意在《蒲松龄集·杂著》中却收有一篇《日用俗字》，共三十一章，一万四千字。其中所讲多是反对陋习和如何做人的道理，如批判丧事中扎纸人草马，"纸草荒唐混世人，苇为筋骨纸为身。……纸扎只待一声哭，费尽千金一火焚"等等。二百年前有此认识，加以字句准确，称得上是杂字中的上品。

杂字书内容丰富，有些在杂字外还有数个与日常生活有关的附录，如明万历刊本《鳌头杂字》，两层楼格式，

《新锲鳌头备用杂字元龟》

《天津地理买卖杂字》

下层是杂字，分二十门、九千余字，以三四言列器物、花果、禽兽名称；上层则分天文、地理、人事等，供应对生活之用。它集识字、知识、道德教育于一书，颇具小百科的味道。地方性的杂字更使人感到亲切有趣，如清同治刊《山西杂字必读》，民国印本《天津地理买卖杂字》及《士农工商买卖杂字》等，不仅可供识字，还能用以辨方言，显风貌。《天津地理买卖杂字》，用三三七句式记地理、商业、人物、民生及政情等，如"东车站，西车站，津浦铁路往南看"；"这民国，有伟人，孙文黄兴宋教仁"等，后虽随时代变化略有改动，但流行达数十年之久。

（六）幼学教育的继续

经过"三·百·千"的蒙学教育后，就将逐步进入比较系统地学习一些基本文化知识和诗文写作的技巧，有些直接进入学习四书五经的阶段。基本文化知识多以韵语短句编制，有的是道德规范约束，如《弟子规》、《女论语》和《太公家教》等等，在当前已无实际意义了。有的是写掌故和历史知识，因为它创始于唐代李瀚的《蒙求》，后世往往把这类书称作蒙求或类蒙求。也有不标蒙求之名和用韵语编写的。这类故事性强，有人有事，比较便于诵读的知识读物容易引起蒙童的兴趣。所以这类读物对后来影响较大，宋元明清各朝都有这类性质读物的撰写和补注。其中最风行的是明人程登吉原编，清人邹圣脉增补注释的《幼学琼林》。《幼学琼林》是一本多学科的综合性蒙学读物，它虽以韵语编写，但打破了三字句和四

《幼学琼林》

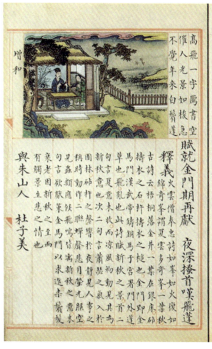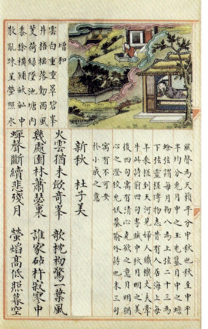

《千家诗》

字句的限制，内容涉及很广，有天文、地舆、人事、鸟兽、花木、饮食等三十三类。它的内容比较杂乱，有些东西显得陈旧过时，但还有不少有用的掌故、成语、格言等，如"管中窥豹，所见不多"，"乘患相攻，谓之落井下石"，"寒食节是清明前一日，初伏日是夏至第三庚"，"韩信将兵，多多益善"等等词语都是有背诵、记忆价值的东西，过去许多人对古人古事能出口成章，有不少是得益于此书的。我在读完"三·百·千"后的第一本知识读物便是《幼学琼林》，至今一些脱口而出的成

《增补重订千家诗注解》

蒙学教育图

语旧事,细细思量不少可从《幼学琼林》中找到。此外还有一些如《千家诗》、《神童诗》等可以帮助以后读诗写诗,《文字蒙求》可以打下字学基础。这些书是从"三·百·千"的最基本读物走向成人教材——经史子集的研习的过渡阶段,但有些人也超越这个阶段直接去接触四书五经。在过去几千年过程中,把祖国传统文化能一代代传递下来是靠人们掌握了文字和部分最基本知识,而"三·百·千"则正是这条通道上最原始的铺路石。

第八讲　经、史、子、集

（一）十三经

　　"十三经"是我国儒家奉为经典的十三部古书的总称。这些古书是：《周易》、《尚书》、《诗经》、《周礼》、《仪礼》、《礼记》、《春秋左传》、《春秋公羊传》、《春秋穀梁传》、《论语》、《孝经》、《尔雅》、《孟子》。其中《周礼》、《仪礼》、《礼记》又合称"三礼"；《春秋左传》、《春秋公羊传》、《春秋穀梁传》，

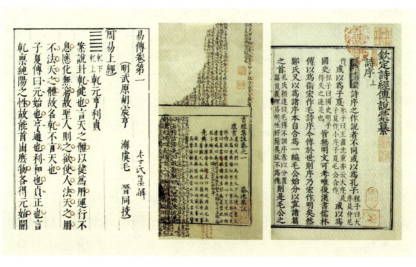

《易解十卷附录》　　　　　《书经》　　　　《钦定诗经》

又合称"三传"。

从西汉武帝"废黜百家,独尊儒术"开始,崇奉孔子学说的儒家逐渐成为我国封建社会占统治地位的学派,它所推崇的古籍成为神圣的经典,以孔子为代表的儒家思想成为封建社会的正统思想。这样,"十三经"对中国的政治、文化学术、道德思想很自然地便产生了极为深远的影响。旧时代的文人学士,不论是为了仕途发展,还是致力于学术研究,都付出了大量的精力,去攻读儒家的经籍。周予同曾在皮锡瑞《经学历史》的序中说:"因经今文学的产生而后中国的社会哲学、政治哲学以明;因经古文学的产生而后中国的文字学、考古学以立;因宋学的产生而后中国的形而上学、伦理学以成。"那就是说,倘如对儒家的经籍没有一定的了解,对中国两千多年经学的兴衰演变茫然不知,更难以对中国的古典文学、古代史、哲学史、政治思想史、语言文字学、文献学、民俗学、伦理学等开展研究,也就难以对各学术领域的历史人物做出符合历史发展实际的评价。

皮锡瑞提及的"经今文学",是指对今文经的研究宣扬。汉代人称当时使用的隶书为"今文",称战国时六国通行的文字为"古文"。秦始皇焚书坑儒之后,汉人凭记忆口耳相传经书内容,并以隶书记录作为传本,称为"今文经";后又在孔子住宅墙壁中发现《礼记》、《尚书》、《春秋》等用篆文书写的,称为"古文经",于是形成经今古文学派。"今文经"和"古文经"不但书写的字体不同,对当时传授的"六经"的解释上以及字句、篇章方面都有出入。现存的《十三经注疏》,多采用古文学派的说法。

"十三经"实际上是一个丛书名目,它所包含的十三部书早在先秦时期就有了直到南宋时期才把它们组织在一起并冠以"十三经"的名称。"十三经"的十三部古书的顺序大体上是按时间先后排列的。最后一本是《孟子》。宋朝理学家朱熹说:"《论语》多门弟子所集,故言语时有长长短短不类处。《孟子》疑自著之书,故首尾文字一体,无些子瑕疵。不是自下手,安得如此好?"所以,《孟子》当是殿后之作。从《孟子》成书到《孟子》被

书文化九讲

列入经书行列，再到有"十三经"名称，大约经历了一千五六百年的时间。

儒家经书，最初只有"六经"之说。最早提及"六经"这一名称的是战国时期的《庄子》。不过，那时说的"经"不是指经典，《庄子·天道篇》记述孔子请老聃帮忙将经书藏于周室，而老聃不许，于是孔子对"六经"作了一番解释。《庄子·天运篇》中即引述了孔子给老聃所讲的具体内容说："丘（孔子自称）治《诗》《书》《礼》《乐》《易》《春秋》六经，自以为久矣，熟知其故矣。"明确地提及"六经"。"六经"在汉以后也称"六艺"。早在贾谊的《新书·六术篇》中就有"《诗》《书》《易》《春秋》《礼》《乐》六者之术，谓之六艺"。西汉末，刘歆撰写《七略》，其中"六艺略"即指"六经"。所谓"六经"，西汉实际上只有五经，缺《乐经》。当时今文家认为《乐》本无经；古文家说有《乐经》，秦焚书后亡。汉时不存《乐经》，所以汉武帝时设有《易》《书》《诗》《礼》《春秋》五经博士（传授经书的教授官），而无《乐经》博士。

"五经"之外，还有"三经"之说，但提出"三经"是西汉以后的事，更不是《庄子》提及"六经"之前的说法；且各家所指的"三经"也多不同，如颜师古为《汉书·五行志》作注，认为"三经"指《易》《诗》《春秋》，王安石的《三经新义》是指《书》《诗》《周礼》，而《宋史·艺文志》著录的刘元刚《三经演义》则指《孝经》《论语》《孟子》，所以不能将"三经"视为"十三经"发展的基点。

由于汉王朝"独尊儒术"和提倡"以孝治天下"，所以将《孝经》《论语》列入经书，在"五经"的基础上发展为"七经"。但"七经"所指的书目，也有不同，如东汉的"一字石经"是以《易》《诗》《书》《仪礼》《春秋》《公羊传》《论语》为"七经"，而没有《孝经》。

唐代初年，"三礼"之学受到重视，不仅太宗时魏徵撰《类礼》，高宗时贾公彦撰《周礼》《礼记》二经注疏，而且将《周礼》《仪礼》《礼记》全列入经书，形成"九经"，并以"九经"取士。唐代科举取士，明经科三场考试，先试"贴经"，再"口试"大义，再次才是"答策"，这样就引起学子们对经书的

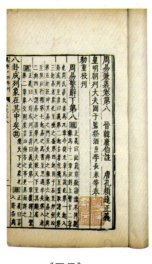

《周易》　　　　　　　《尚书》　　　　　　　《诗经》

重视。"九经"经文于唐文宗开成二年(837年)刻成,并立石经于都城长安国子监,称为"开成石经"。唐代的"九经"包括:《易》、《书》、《诗》、"三礼"、"三传"。这里还应注意两个问题:一是"开成石经"于"九经"之外,还刻有《孝经》、《论语》、《尔雅》,所以后代也有称之为"十二经"的。二是后世提及的"九经",在书目上多有变动,如宋刻"九经"白文是《易》、《书》、《诗》、《左传》、"三礼"及《论语》、《孟子》;而清刻《篆字九经》则包含合称四书的《大学》、《中庸》、《论语》、《孟子》而没有《礼记》,没有"三传"而有《春秋》。

五代时,蜀主孟昶时刻有"蜀石经",共十一经。这"十一经"是:《易》、《书》、《诗》、"三礼"、"三传"和《论语》、《孟子》。"十一经"是由"九经"发展到"十三经"的一个重要环节。值得注意的是,此时正式将《孟子》列入经书行列,在"十一经"之外再加上《孝经》和《尔雅》,便合成为"十三经"。

现在"十三经"通行的版本是中华书局影印并附有校勘记的《十三经注疏》,分上下两册。南宋以前,经文与注疏是分别单行的,到南宋光宗绍熙年间(1190—1194年)才有合刊本。明嘉靖、万历间(1522—1620年)都曾刊行。清乾隆初有武英殿本,简称"殿本"(因刻印书籍的机构设在武英殿而得名），是官刻本；后在阮元主持下，根据宋本校勘后重刻。中华书局影印本就是据原世界书局阮刻缩印本影印的，影印前，"改正文字讹脱及剪贴错误三百余处"。现将"十三经"各部经书的注疏者分列于后：

《周易》　魏王弼　晋韩康伯注
　　　　　唐孔颖达等正义
《尚书》　汉孔安国传（伪）
　　　　　唐孔颖达等正义
《诗经》　汉毛亨传　汉郑玄笺
　　　　　唐贾公彦疏
《周礼》　汉郑玄注　唐贾公彦疏
《仪礼》　汉郑玄注　唐贾公彦疏
《礼记》　汉郑玄注
　　　　　唐孔颖达等正义
《春秋左传》　晋杜预注
　　　　　　唐孔颖达等正义
《春秋公羊传》　汉何休注
　　　　　　唐徐彦疏
《春秋穀梁传》　晋范宁注
　　　　　　唐杨士勋疏
《论语》　魏何晏等注　宋邢昺疏
《孝经》　唐玄宗注　宋邢昺疏
《尔雅》　晋郭璞注　宋邢昺疏
《孟子》　汉赵岐注　宋孙奭疏

　　上述注疏，涉及注、正义、疏、传、笺等名称，笼统地看，这些不同名称反映的意义是一样的，都是注释的意思；但古代所以采用不同的名称，是

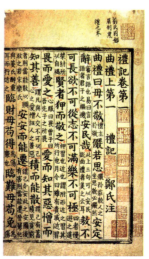

《周礼》　　　　　《仪礼》　　　　　《礼记》

因各名称还有其特定的含义，如：

注，就是注释、注解，用文字对古书中难解的字、句加以解释。

正义，这是注释经史的另一种方式，唐代开始用正义作书名，表明是对原文作了正确的阐明。

疏，比"注"更详细的注解，包括对原文的注释和对前人"注"的注解。"疏"，单独作为注释名称最初出现于唐代，魏晋时有"义疏"。

传，含有传述意，是阐明经义的传释方式。

笺，这种注释方式，含有对前人注解订正、发挥、补充的意义。

"十三经"是部大丛书，有十四万七千五百六十字，内容涉及哲学、政治学、史学、文学、文字学、伦理学等学术领域，再加上浩如烟海的注疏文字，绝不是短期能读完的，而且每个人的情况不同，对"十三经"未必需要全读，读时应有选择。这就有必要对"十三经"的每部书的概况有所了解。

《周易》："十三经"首列《周易》，这是承续了汉代"六经"以《易》为首的传统。《周易》又称《易经》，简称《易》。郑玄讲"《易》一名而含三义"："易简"（执简驭繁）、"变易"（穷究事物变化）、"不易"（永恒不变）。一说周代人所作,故名《周易》。原本是部占筮书,用以卜测社会和自然的吉凶变化;从其内容的哲理性以及所记载史料的重要性看,实际上是部很重要的哲学、历史著作。

《周易》由"经"、"传"两部分组成。"经"最早可能萌芽于殷周之际,经长期积累而成, 其作者认为阴阳相互作用是产生万物和事物变化的根源,所以最基本的符号是"⚋"(阴)和"⚊"(阳)。由阴阳符号三画重叠,组成八卦(☰乾、☷坤、☳震、☴巽、☵坎、☲离、☶艮、☱兑)。八卦相叠构成六十四卦。每卦有卦辞;每卦又有六爻,每爻有爻辞。卦辞与爻辞合为经文。"传",也称"易传",是战国时期至秦汉之际儒家对《周易》经文的解释,有十篇,又称"十翼"。这十篇传是:彖上下、象上下、文言、系辞上下,说卦、序卦、杂卦。其中"文言"是对乾坤两卦的解释,不是指与"白话"相对的文言。

《尚书》:单称《书》,又称《书经》。西汉时才称为《尚书》。"尚"即上,《尚书》即古之书。这是我国现存最早的一部史书,是起于上古唐尧,终于春秋初世的上古历史文件的汇编。由于儒家尊崇唐尧、虞舜、夏禹、商汤、周文王"二帝三王"之道,且相传为孔子所编选,遂被作为儒家经典。《尚书》有"今文尚书"与"古文尚书"之分。西汉时,用当时通行文字隶书书写的二十八篇称"今文尚书",另外相传汉武帝时在孔家旧宅壁中发现了用六国文字书写的《尚书》,称为"古文尚书"(已佚)。

《尚书》是部最早的史书,其中有些誓词、文告、记叙性文字很有文学性,所以也被视作我国古代"散文的开端"。

《诗经》:先秦时单称《诗》,是我国最早的诗歌总集,后来成为儒家的经典。《诗经》于春秋时编成,有诗三百零五篇,另有六篇有目无诗,是西周初至春秋中叶的作品。诗分风、小雅、大雅、颂四部分。风有十五国风,大部分是各国的民间诗歌,有一百六十篇;小雅、大雅合称"二雅",是西周京城附近一带的乐歌,有一百零五篇;颂有周颂、鲁颂、商颂,合称"三颂",有四十篇,多是祭祀时的乐歌,也有部分舞蹈歌曲。讲到《诗经》,常提到"六义"这一词语。"六义"也称"六诗",指的是风雅颂、赋比兴。风雅颂,是从音乐角度区分诗歌的类别的;赋比兴,是指诗作的写作手法。赋是直接陈述,比是譬喻,兴是寄托。但不能看死,并不是一首诗就是一种写作手法,有的诗是兼采几种方法的。

西汉初,传授《诗经》的有鲁(鲁人申培公)、齐(齐人辕固生)、韩(燕人韩婴)三家。他们所传的诗称为《鲁诗》、《齐诗》、《韩诗》,合称"三家诗"。三家诗是今文诗学,魏晋以后逐渐亡佚,直到清代,佚文才大致搜集起来。"十三经"中所收的《毛诗》,是稍后于三家的鲁人毛亨所传。我们现在所说的《诗经》就是毛氏所传的,所以《十三经注疏》的标目就是《毛诗正义》。《毛诗》是古文诗学。

《周礼》:原名《周官》,王莽时因刘歆奏请将"周礼"列于经,始有《周礼》之名,又称《周官经》。《周礼》按天地、春夏秋冬四时设《天官冢宰》、《地官司徒》、《春官宗伯》、《夏官司马》、《秋官司寇》、《冬官司空》六篇,内容是周王室的官制以及战国时各国的制度,也参入了作者的政治理想。据说,王莽改制、王安石变法、宇文泰改官制等都受到了《周礼》的影响。经近人考证,认为《周礼》是战国时代的作品。其中《冬官司空》早已亡佚;汉时补入《考工记》,这是春秋末齐国人记录的手工业技术著作。《周礼》成书晚于《仪礼》,因汉代经学集大成者郑玄尊崇《周礼》,而后世经学家又特尊崇郑玄,所以"十三经"仍将《周礼》置为"三礼"之首。

《仪礼》:原名《礼》,亦称《礼经》,因首篇为《士冠礼》,汉时也称《士礼》,到晋代才称《仪礼》。是古代有关冠礼(祝贺成年的礼节)、婚礼、丧礼、祭礼、饮酒礼、乡射礼(射箭比赛礼仪)、宴礼、朝聘礼(诸侯朝见天子,国君派使臣到别国聘问的礼节)等礼仪要求、程序的汇编,共十七篇。经近人考证,认为《仪礼》成书当在战国初至中叶间。

《礼记》:是一部对秦汉以前各种礼仪解释、补充的论述选集,本为西汉礼学家传授《仪礼》时选辑的辅助材料,所以原本是"记",不是经书。这是一部研究我国古代社会、了解儒家思想以及古代文物制度的重要参考书,共有四十九篇。从汉末开始,《礼记》就受到历代封建王朝的重视,其影响后来反在《仪礼》之上。其中像《礼运》、《大学》、《中庸》诸篇是很重要的哲学论著;《学记》是研究古代教育不能不读的著作;《乐记》是我国较早的音乐论著,论及音乐的本源、美感、社会作用以及音乐与礼的关系等。

《礼记》相传为汉时戴圣所编辑。东汉时,还同时流传着一部由戴德辑的八十五篇"礼记"本(今只存三十九篇),因戴德是戴圣的叔父,从辈分上相区别,戴圣本便称为《小戴礼记》或《小戴记》,戴德本称为《大戴礼记》或《大戴记》。二本又合称《戴记》。

《春秋左传》、《春秋公羊传》、《春秋穀梁传》:古代学者认为这"三传"都是解《春秋》经的"传"。近人研究有认为《春秋左传》是部独立的著作,并不是传《春秋》的。《春秋》是"六经"之一,但自从"三传"列入经书之后,"九经"、"十一经"、"十三经"就不再单列《春秋》了,因"三传"都是与《春秋》合刊的。《春秋》是部编年体史书,一说是孔子根据鲁国史书修订而成。所记史实,始于鲁隐公元年,止于鲁哀公十四年,不仅记有鲁国这期间的政治活动、婚丧祭祀以及日蚀、水旱等自然现象,还记有其他各国的大势演

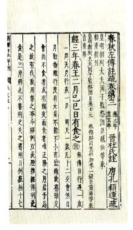

《春秋左传》

《春秋公羊传》

《春秋穀梁传》

变情况。这部记载二百四十二年涉及春秋各国的史书,只有一万七千字。由于文字过于简洁,加之认为孔子修《春秋》字字寓褒贬,于是后世学者便对《春秋》作解释,补充史实,阐发其"微言大义"。这样给《春秋》作传的便有不少,《汉书·艺文志》著录五种,但存书传于世并列入经书的只有这"三传"。

《春秋左传》,亦称《左传春秋》,简称《左传》。旧说作者是左丘明,现代学者认为是战国初年人编成。《左传》叙事从鲁隐公元年至鲁悼公,比《春秋》所记的下限要长。长出的这部分称之为"无经之传"。《左传》与其他二传相比较,其主要特点是:着重于叙史事,而不是发明经义的"微言大义"。所以,既有"无经之传",也有与《春秋》经文相矛盾的传文。另外,《左传》的文字简练而富于文采,记事委曲详明,从动作和内心活动把人物刻画得栩栩如生,不少传文是很有魅力的历史散文。就史学和文学价值言,《左传》不是《公羊》、《穀梁》二传可比的。

《春秋公羊传》,简称《公羊传》,相传战国齐人公羊高传,原为口耳相传,到汉景帝时才成书。与《左传》相较,其特点在于逐字逐句解释《春秋》,着眼于阐述"微言大义"。它的史料价值不高,其作用在于帮助读者了解《春秋》字义,了解先秦时期的礼仪制度等。

《春秋穀梁传》,简称《穀梁传》,相传战国时穀梁赤所传,原也是口耳相传,到西汉时期著成书。与《公羊传》相似,不注重从史实方面解说、补充《春秋》,而在于阐发其"微言大义"。其价值主要在于帮助读者了解《春秋》经文字义和儒家思想。

《论语》:东汉时列入"七经",唐时刻入"开成石经",是儒家重要的经典,也是我们研究经学、哲学、教育学、伦理学、文学必读的古籍。《论语》产生于春秋末战国初,是孔子的弟子和再传弟子编著的,主要是孔子言行的记录。书名是一开始就有的。

在汉代,《论语》亦有古今文之分。今文本有《鲁论》(相传鲁人所传)和《齐论》(相传齐人所传)。前者二十篇,篇次与现在通行本相同;后者二十二篇,较《鲁论》多《问王》《知道》二篇。西汉末，安昌侯张禹把鲁齐二本融合为一而编定，称为《张侯论》。古文本的称《古论》，相传是汉景帝时于孔子旧宅墙壁发现，有二十篇。现在通行的本子，基本上是《张侯论》。全书二十篇，每篇都是从篇头一两句中摘取两三字命名，如第一篇是《学而》，就是从本篇第一句"子曰:学而时习之,不亦说乎"中摘取的。《论语》的内容丰富,思想深刻,而言词简略,有的词又较含混,加之不同历史时期不同人物，根据他们不同需要或不同理解，对《论语》的解析、评价，颇不一致，甚至南辕北辙，各执一端，所以在读《论语》参阅各家之说时，应注意那些断章取义、曲解、随意引申的毛病。

《论语》

《孝经》:作者不详。旧说孔子所作，或说曾子所作，均不足信。近人研究，成书当在公元前三世纪或公元前二三〇年左右，为孔子后学所作。古文本相传为西汉经学家孔安国所注，分十八章。唐开元年间(713—741年)，玄宗命诸儒汇集六家说为注，于天宝二载注成并刻石立于太学，《十三经注疏》采用的就是这一注本。

《孝经》

《孝经》宣扬封建孝道，论述以孝治天下，认为孝是"德之本"，孝是天经地义的事。《孝经》分置十八章，但在"十三经"中是文字最少的一部，仅一千七百九十九字。东汉时列为"七经"之一，虽然后来的"九经"、"十一经"未列《孝经》，但一直受到儒家和历代封建统治者的重视，最后终于归入

"十三经"，从此确定了它的经书地位。

《尔雅》：在"十三经"中，这是一部特殊的著作。作为一本专门解释词义的工具书性质的著作，竟被儒家视作经典，这是很有意思的。《尔雅》是我国最早的一部大致按词义系统和事物分类编纂的词典。所以命名"尔雅"，是表明这部书是以雅正之解，释古语词、方言词，使之近于规范。现在通行的本子有十九篇，其中《释诂》、《释言》、《释训》三篇是解释一般词语的，属普通词典性质；其余《释亲》、《释宫》、《释器》、《释鸟》、《释兽》等十

《尔雅》

六篇是解各类名物的，具有小百科词典性质。它大体成书于战国末年，是当时一些儒生汇集各种古籍词语训释资料编辑而成，后又经汉代人的陆续增补，才成为现在所见到的《尔雅》，共一万三千一百一十三字。

编纂《尔雅》，目的是为了帮助人们阅读包括儒家经书在内的古书、辨识名物。汉武帝独尊儒术并立"五经"博士后，从中央到郡县甚至乡聚，广设学校，读经成了当时读书人实现理想、追求利禄的重要途径，《尔雅》便成了儒生们重要的工具书。后来，儒家索性把这部帮助阅读经书的工具书也列为经书了。

《孟子》：《孟子》在西汉时就受到了重视，文帝时置博士，作为经书的辅翼传授，但却是列入"十三经"的最后一部。《孟子》现存七篇，每篇又分上下两篇。篇名是从篇开头的文句中选择几字命名的，如第一篇是《梁惠王章句》，其中"梁惠王"三字就是从本篇第一句"孟子见梁惠王"中摘取的（至于"章句"二字，则是汉代经学家、训诂家用以表示分析古书的章节

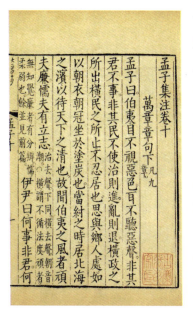

《孟子集注》

句读之意的）。《孟子》是孟轲因主张不见用，退而与万章等弟子所撰。内容涉及对人性、政治、教育、修养、处世等方面的论述；主张法先王、行仁政、认为只有仁政才能使"天下之人皆归之"，并提出"民贵君轻"说。《孟子》的思想以及其气势磅礴、感情充沛、善于比喻、长于辩论的文风，对后世的散文家诸如韩愈、苏轼等影响都很大。

　　这十三部著作，在长期封建社会中成为知识分子主要攻读的儒家经典著作，而"十三经"也被作为儒家十三部代表性著作的统称了。

（二）二十四史

一

　　"一部十七史，从何说起？"这是宋朝名臣文天祥被俘后答复元朝孛罗丞相劝降时的反问。"十七史"是指从古至宋以前相连接的十七部史书。文天祥认为"十七史"中所记载千百年兴亡浮沉的是是非非不是三言两语说得清的。他这句话不但巧妙地回避了正面回答，而且嘲讽了元朝的胜利也只不过是一种改朝换代，没有什么值得论说的，表示他轻蔑对方的态度。文天祥所说的"十七史"是宋朝人对以往十七部连贯性史书的统称。宋朝以后，元明清三朝又按照新朝修旧朝史的惯例，编修了自宋至明的史书，清朝又辑录了《旧五代史》和增收了《旧唐书》而合为二十四部，被人统称为"二十四史"，一称"正史"。

《隋书·经籍志》

"二十四史"包含着从《史记》到《明史》的二十四部史书。"二十四史"在清乾隆四十年（1775年）以后被正式定名为"正史"。从此，"二十四史"与"正史"成为同义语词了。但"正史"一词却在此以前就已使用。

最早使用"正史"一词的是梁阮孝绪的《正史削繁》九十四卷，此书虽佚，但见于《隋书·经籍志》著录。唐朝初年编修《隋书·经籍志》，开始在史部设正史类，把《史记》、《汉书》这类体例写成的纪传体史书列入这一类，但还没有确定一代仅一史的限制。基本上依体裁划分，只是一种图书分类，而不包含固定某史为正史之意；不过，从《隋志》著录情况看，已略含正统意味，如田融所撰《赵书》十卷是纪传体，但因赵非正统，遂不入正史而屏归霸史类。

唐初修《晋书》，由于唐太宗参加过《宣帝纪论》、《武帝纪论》、《陆机传论》和《王羲之传论》的历史人物评论工作，于是《晋书》便居十八家晋书之首，地位显然高于他籍，开后世于多本中选取一种作一朝史书代表的风气，使"正史"代表正统的含义进一步发展。但是，刘知几的《史通》中仍以"正史"与"杂述"并举。他所谓的"正史"是指能记录一朝大典的史籍，而以正杂对称，足见"正史"地位还不是非常尊崇的。

《宋志》沿《隋志》旧例，列"正史类"于史部之首，并由官府陆续雕版，刊印了正史十七种。

清初修定明《艺文志》的"正史类"包括纪传和编年二体，打破了历来以纪传体为"正史"的惯例，同时也证明清初修明史时，"正史类"尚能随意变更所包含的内容。

清修《四库全书总目》不仅定二十四部纪传体史书为"正史"，而且还明确规定了"正史"的神圣地位。其"正史类"的小序中说：

> 正史之名，见于《隋志》。至宋而定著十有七。明刊监版，合宋辽金元四史为二十有一。皇上钦定《明史》，又诏增《旧唐书》为二十有三。近蒐罗四库，薛居正《旧五代史》得裒集成编，钦禀睿裁，与欧阳修书并列，共为二十有四。今并从官本校录。凡未经宸断者，则悉不滥登。盖正史体尊，义与经配，非悬诸令典，莫敢私增，所由与稗官野记异也。

从此，"正史"之名始具特定含义，它既有代表正统政权的意味，又有国定一史的含义。那么，"正史"究竟为什么如此受到重视？因为它确有超越其他史书的优点，也可以说，"正史"具有自己的特点。

其一，"正史"记载的对象是历史上的主要朝代。这些朝代大多是被认为正统的政权，相沿具有高于其他史书的地位。

其二，"正史"主要采用纪传体的编撰方式。纪传体有纪、传、志、表各

121

种形式,便于表达内容。它记载范围较广,涉及政治、经济、社会、文化各个方面,搜集资料也比较丰富,是极便于参考的资料宝库之一。

其三,"正史"包括从黄帝起到明末止的漫长历程,彼此只有重叠而无间断,上下年代相接,贯通一气,使人从这套书中可以看出古今贯通的中国历史概貌。

有了这三个特点,自然超越其他同时代的同类著述而自居首位了。

"正史"的编纂者大致可分官修与私纂两种不同情况。司马迁撰《史记》是私撰的一家之言。两《汉书》和《三国志》是经过官方同意由私人撰写的。从隋朝文帝开皇十三年(593年)正式明令禁止私撰国史和不准民间评论人物,又加以唐太宗李世民插手《晋书》而题署御撰以后,一代之史的编修工作便成为"人君观史,宰相监修"的官修制度。这种官修史书一般都是后朝为前朝修史。

"正史"的体制比较完备,以《史记》为例,有十二本纪,写帝王事迹,起大事记的作用;十表,排列错综复杂的史事;八书,记典章制度;三十世家,讲诸侯封国;七十列传,即人物传记。全书一百三十篇,用五种不同体裁,纵横交错地反映了历史,为后世纪传体史书创立了典型。后来各朝史书也有某些变更。如书改称志,表不仅用于记事。也有些体裁不全备的,如《三国志》、《梁书》、《陈书》、《后周书》、《北齐书》、《南史》和《北史》等七部史书都没有志书;《后汉书》本无表,南宋初熊方曾编过《补后汉书年表》十卷,有一种计算,把熊表计入"二十四史"的总卷数中。从《三国志》起到《旧唐书》、《旧五代史》各史都没有表。梁、陈、齐、周各史虽无志,但四朝典制内容都写入《隋书》志中,而有五代史志之称(此五代指梁、陈、齐、周、隋,惯称前五代,以别于梁、唐、晋、汉、周的后五代)。

二

定"二十四史"为"正史"是清乾隆四十年(1775年)以后的事。这二十四部史籍并不是一次会集，而是随着历史的发展，逐渐增益形成的。

"正史"最早的合称是"三史"，始见于《三国志·吴书》卷九《吕蒙传》裴注引《江表传》中记孙权劝蒋钦、吕蒙二人读书时所说：

> （孤）至统事以来，省三史、诸家兵书，自以为大有所益。如卿二人，意性朗悟，学必得之……宜急读《孙子》、《六韬》、《左传》、《国语》及三史。

又《蜀书》卷十二《孟光传》中也说：

> （光）博物识古，无书不览，尤锐意三史。

《隋志》也著录有吴张温所撰《三史略》二十九卷。

此"三史"究竟指哪三种史籍？

清人王应奎在《柳南续笔》卷四《三史》条中对史、汉以外的一史未加肯定而作疑似之词说："马班而外，其为东观纪欤？抑为袁宏纪欤？谢承书欤？不得而知也。"而王鸣盛的《十七史商榷》卷四二《三史》条则明确指出说：

> 三史似指《战国策》、《史记》、《汉书》。

这从孙权所说"《左传》、《国语》及三史"一语看，《战国策》似乎会单独标出，而不会包括在"三史"之内。如按时代顺序看，孙权所说的"三史"当指《史记》、《汉书》与《东观汉纪》而言。

《晋书》卷六一《刘耽传》所说："博学，明习诗、礼、三史。"《北史》卷三四《刘延明传》所说："延明以'三史'文繁，著《略记》百三十篇八十四卷。"应皆指《史记》、《汉书》及《东观汉纪》。这是魏晋南北朝以前所谓的"三史"。

唐宋以后所谓的"五经三史"中的"三史",据王鸣盛《十七史商榷》卷四二《三史》条说:"专指马、班、范矣。"乃以范晔《后汉书》易《东观汉纪》,因唐以后《东观汉纪》已失传。

"三史"之后有"四史"之说起于唐,但说法有二:

其一,《隋志》正史类小序特标举《史记》、《汉书》、《东观汉纪》及《三国志》为"四史"。

其二,《新唐书·选举志》记唐朝考史科目有《史记》、前后《汉书》、《三国志》,与现称的"四史"正相合。

继之而有"八史"之名,曾用于道光初日人所编的《八史经籍志》。所谓"八史"指所收录的是汉、隋、唐、宋、辽、金、元、明等八个朝代的经籍志或艺文志等。

"九史"见用于清人汪辉祖所撰的《九史同姓名略》。它指新旧唐书、新旧五代史及宋、辽、金、元、明史。

"十史"之名始见于《宋史·艺文志》子部类事类著录的《十史事语》十卷、《十史事类》十二卷及李安上撰《十史类要》十卷等,各书均佚。此"十史"当指三国、晋、宋、齐、梁、陈、北齐、北周、北魏和隋等十部史书。

"十三史"之名始用于唐,《宋史·艺文志》的集类文史类中著录有吴武陵撰《十三代史驳议》十二卷;史类目录类著录有宗谏注《十三代史目》十卷及商(殷)仲茂的《十三代史目》一卷,史钞类著录有《十三代史选》五十卷。诸书均佚,唐所谓"十三史"似即指《旧唐志》正史类按中所述《史记》、《汉书》、《后汉书》、《三国志》(《旧唐志》著录《魏国志》等三家)、《晋书》、《宋书》、《齐书》、《梁书》、《陈书》、《北魏书》、《北齐书》、《北周书》及《隋书》等十三部。

"十七史"之名定于北宋,宋以前正史无刻本,仁宗天圣二年(1024年)出禁中所藏《隋书》付崇文院刊行。嘉祐六年(1061年)并梁、陈等史也次第校刻,前后垂四十年(王鸣盛:《十七史商榷》卷九九)。它所谓"十七史"指《史记》、《汉书》、《后汉书》、《三国志》、《晋书》、《宋书》、《南齐书》、《梁书》、《陈书》、《魏书》、《北齐书》、《后周书》、《隋书》、《南史》、《北史》、《新唐书》和《新五代史记》等十七种史籍。《宋志》史类史钞类即著录南宋人所撰《名贤十七史确论》一百零四卷。子类类事即著录《王先生十七史蒙求》十六卷。"十七史"之名，南宋时已颇流行，后世多沿用"十七史"之名，如元胡一桂撰《十七史纂古今通要》十七卷。清人王鸣盛《十七史商榷》一书为清代史学名著。清初汲古阁曾合刻十七史，成为当时通行的正史合刻本。

元人在"十七史"外加上《宋史》，称"十八史"，元人曾选之有《十八史略》之作，明人梁孟寅在明撰《元史》完成后，即因《十八史略》而成《十九史略》。《明史·艺文志》还著录有安都所撰的《十九史节定》一百七十卷。

"二十一史"始于明。嘉靖初，南京国子监祭酒张邦奇等请校刻史书，世宗命将监中十七史旧版考对修补，取广东宋史版付监，辽、金二史原无版者，购求善本刻行以成全史。嘉靖十一年（1532年）七月成"二十一史"南监合刻本。万历二十四年（1596年）北监又刻"二十一史"，三十四年（1606年）竣工。顾炎武在《日知录》卷十八《监本二十一史》条中曾评："其版视南稍工……然校勘不精，讹舛弥甚，且有不知而妄改者。"所谓"二十一史"就是十七史加宋、辽、金、元四史。"二十一史"之名，清乾、嘉时尚沿用。王昶在《示长沙弟子唐业敬》中说：

> 史学当取二十一史及明史、刘昫《旧唐书》、薛居正《五代史》，以次浏览（王昶：《春融堂集》篇六八，嘉庆十二年塾南书舍刊本）。

王昶所言，实已指"二十四史"，但仍用"二十一史"之名，可见其已为固定名词，另一位学者沈炳震就以此为名撰著了《二十一史四谱》。乾隆十一年（1746年）还刻行了"二十一史"合刻正史共两千七百八十一卷，分装六十五函。

乾隆四年(1739年)明史修成后,合前原有的"二十一史"而有"二十二史"的合称,乾隆十二年(1747年)诏书中正式用"二十二史"名称,清代虽有二部史学名著用"二十二史"之名,但与清官方所指不尽相同:钱大昕的《廿二史考异》系"二十一史"加《旧唐书》;赵翼的《廿二史劄记》则于清代官称的"二十二史"之外又包括《旧唐书》和《旧五代史》(各与新书合为一史,仍是二十二史之数),实际上已是二十四史了。

清乾隆十二年至四十年(1775年)间曾有"二十三史"之名,即于"二十二史"之外复加《旧唐书》,但"二十三史"之称并未流行。

"二十四史"几乎已成为正史的同书异名。它是乾隆四十年从《永乐大典》中辑出《旧五代史》,并由武英殿合"二十三史"刻行后的定称。不久,《四库提要》又明确规定此二十四部史籍为正史。从此以后,不经统治者批准,不得增列正史。正史——"二十四史"的尊崇地位至此底定。

民国初年,柯绍忞撰成《新元史》,北洋政府大总统徐世昌明令列入"正史",遂有"二十五史"之称,后来《清史稿》撰成,也有并称为"二十六史"的。

三

"二十四史"共有三千二百五十九卷(包含子卷和《后汉书》年表卷数),如再计入《旧五代史》、《新五代史》和《明史》的目录卷数,则总卷数当为三千二百六十六卷,总字数达二千七百余万字。卷数最多的是《宋史》,有四百九十六卷;其次是《明史》,有三百三十六卷(含目录四卷);最少的是《陈书》,只有三十六卷。

"二十四史"中各史包含时间最长的是《史记》,上起黄帝,下止汉武,大约有三千多年。"二十四史"中除《史记》和《南史》、《北史》是通史外,其他都是断代史。

"二十四史"中各史间只有重复,没有脱节。它有两种重复:一是人物的重复,如曹操在《后汉书》、《三国志》和《晋书》中都曾记及,至于宋、齐、梁、陈各书与《南史》间,北魏、北齐、北周各书与《北史》间,所记人物的重复更多了。二是时代的交叉重复,如《史记》与《汉书》间,《后汉书》与《三国志》间多有交叉。

"二十四史"的排列次序,历来曾有不同,如《隋志》按朝代兴亡先后为序,自晋以后,排南朝至梁,然后排北朝的魏,又排南朝的陈,再排北朝的周,但《北齐书》未被排入。这是由于唐得政权于隋,隋得政权于北周,而北齐与唐无关联,所以不排入正史。

《旧唐书》采取先北后南,即晋、宋、北魏、北周、隋、南齐、梁、陈、北齐。这是由于唐是由北朝系统而来,所以尊北。至于最后到北齐则是由于唐未列北齐书于正史而系后补入的。宋以后的排列是先南后北,这是司马光在《通鉴》中的意见(《通鉴》卷六九)。因为宋是从南方政权接统而来的。这一顺序从此成为定局,再也没有更易。

"二十四史"各史并非都是原来的完本,如《汉志》即著录《史记》一书"十篇有录无书"。宋刻十七史时,《魏书》已与《北史》相乱,卷第殊舛,嘉祐五年(1060 年)刘邠等校订《魏书》时,亡佚不完者已无虑八十卷,《北齐书》仅存二七卷而以《北史》相补。清刻"二十四史",《旧五代史》即系辑自《永乐大典》而非原本。

"二十四史"的版本,过去比较通行的基本上有两大系统。

其一是乾隆时官刻的武英殿本,简称殿本。它基本上采用明监本为底本。但质量不甚高,讹文误字、脱叶错简、注文误入正文者颇多。如《史记》的《集解》与《正义》,《汉书》的颜注就有大量删节,少者几十字,多者近千字。清代还有某些窜改,如刻《旧五代史》便改动了指斥契丹部分的原文。乾隆四十六年(1781 年)校正《元史》译名时,即在原版剜改,字数不合时,即草率剜去上下文,译名也不统一。不过,后出的如同文书局本、涵芬楼本、竹简斋本、开明二十五史本多据殿本。

其二是百衲本。它是在张元济主持下,由商务印书馆汇辑较早较好

127

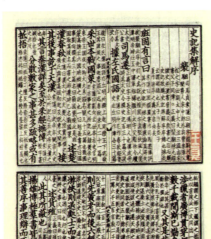

《百衲本二十四史》

刊本,于一九三〇年至一九三七年间陆续印行的合刊本。其中有《史记》等宋刻十五种;《隋书》等元刻六种;明刻除《元史》外,《旧五代史》的大典辑本也应是明本;《明史》则用清武英殿原刊本附入王颂蔚的《捃逸考证》。百衲本因底本刻行较早,错误较少,又未经窜改,所以被认为是佳刻善本,如它的《史记》注文就比殿本多百余条,增补了殿本《齐书》、《魏书》、《宋史》的缺页。殿本《元史》中的错简、缺文和窜改处也用洪武原刻来恢复原貌。但它影印时因底本模糊而间有描润致误处。又有首尾是原本,而中有自写和凑集的。不过,它仍然胜于殿本。

新中国成立后,中华书局的标点本"二十四史"则是在前人成果基础上进行整理的佳本。其优点是:

其一,选好底本。如《史记》用金陵局张文虎校三家注本刊印。张校考核精审,标点本又校正张本的不妥处。《汉书》用王先谦的《补注》,汇集了唐以后有关著作补颜注,并论各本的得失。《三国志》是用百衲本、殿本、江南局本和活字印本四种互校,择善而从,并吸收清代各家校订。这种不拘一版,不迷信宋本,而从内容正确与否考虑是值得重视的一大优点。

其二,各史都加了标点分段,颇便阅读。对原本有错或应删字,不妄改而用圆括号小字标出,凡增添或改正的字则用方括号标明。这样既保留了原文,又指明了正字,符合校勘原则。对于人、地、书名都有标号。凡长篇文字,低格别起以醒眉目。注文用小字,易于观览。其体制可称完备。

其三,各史均有前言及校勘记,为学习和研究提供了方便。

因此,标点本"二十四史"及《清史稿》是目前最适用的一种较好印本。

四

"二十四史"数量如此多,内容如此广,跨度又如此长,研读它是有一定困难的。历来学者为此写过不同体裁的书来帮助人们阅读和学习。这种不同体裁的著述主要有注、补、表、谱和考证等五种。它们始于南北朝,兴于唐宋而大盛于清。

《隋志》小序中说:

> 《史记》、《汉书》,师法相传,并有解释。《三国志》及范晔《后汉》,虽有音注,既近世之作,并读之可知。梁时,明《汉书》有刘显、韦棱,陈时有姚察,隋代有包恺、萧该,并为名家。《史记》传者甚微。
>
> 今依其世代,聚而编之,以正史。

《四库提要》正史类小序也说:

> 其他训释音义者,如《史记索隐》之类;掇拾遗缺者,如《补

后汉书年表》之类;辩证异同者,如《新唐书纠谬》之类;校正字句者,如《两汉书刊误补遗》之类。若别为编次,寻检为繁,附本书,用资参证。

据此,则注、补、表、谱、考证之体起源甚早,而"以备正史"、"用资考证"正说明这类史籍对正史的辅助作用,所以清末张之洞撰《书目答问》特为之立一小类,附于正史类后,并注称:"此类各书为读正史之资粮。"现分述诸体如次:

一、注

即传注。传就是通过对原作《经》的解释以求传示后世,所以有经传之说。《左传》、《诗毛氏传》都有此意。注为注入己意,或称著,即说明之意。传注本无区别,大抵汉以前多称传,汉以下多称注。《史记》的《索隐》、《正义》和《集解》被后世统称为三家注。《汉书》从东汉应劭、服虔的《音义》后,陆续有注家,唐颜师古总集南北朝时期二十余家注成《汉书注》,有功于《汉书》,而清末王先谦的《汉书补注》则又为集唐以来六十余家注而成。《后汉书》始有梁刘昭注及唐李贤传注,清末王先谦复有《后汉书集解》之作,甚便读者。至于裴松之的《三国志注》尤著盛名,与《水经注》、《世说新语注》并称名注。裴注在陈志后一百八十余年,史料比较集中,又经一定刷汰,条件较优。它的注法是条其异同,正其谬误,疏其详略,补其缺漏,引魏晋人著作达一百五十余种,今多佚,故裴注颇为后世所重。近人吴士鉴作《晋书注》是《晋书》的注本。

注本还有音义(如萧该的《汉书音义》,有辑本)、汇注(如《史记汇注考证》)、笺释(如李笠的《汉书艺文志汇注笺释》)、校注(如王绍兰的《汉书地理志校注》)、合注(如王先谦的《新旧唐书合注》)、笺注(如王忠的《唐书南诏传笺注》)、补注(如王先谦的《汉书补注》)、集解(如王先谦的《后汉书集解》)等不同的名称和体裁。

二、补

就是《四库提要》所说的"掇拾遗阙"。宋有钱文子的《补汉兵志》五卷。清代补缺之学甚盛，如侯康的《补三国艺文志》、钱大昕的《补元史艺文志》、郝懿行的《补宋书刑法志》等皆是。这种补体史稿大多自正史记传中及当时著述中辑出有关资料来补足正史所缺，对了解某一历史时期的典制、艺文等都有裨益。

补体还有校补（如周寿昌的《汉书注校补》）、拾补（如姚振宗的《汉书艺文志拾补》）、拾遗（如钱大昕的《诸史拾遗》）、补脱（如卢文弨的《金史补脱》）、补正（如马君实的《晋书孙恩卢循传补正》）等名称。

三、表

表在《史记》、《汉书》中已有，但后起各史未能充分发挥其作用。后世学者多以此体整理正史史料以便省览，表渐成一独立体。如周嘉猷的《南北史表》中包括年表、帝王世系表、世系表等，洪饴孙的《史目表》合编了正史目录。其他如齐召南的《历代帝王年表》也颇便翻查，而其中最负盛名的当推万斯同的《历代史表》五十九卷。这是一部很有用的读史工具书。《四库提要》称它是：

> 其书自正史本纪、志、传以外，参考《唐六典》、《通典》、《通志》、《通鉴》、《册府元龟》诸书以及各家杂史，次第汇载，使列朝掌故，端绪厘然，于史学殊为有助。

清初学者朱彝尊为此书所写序中说："揽万里于尺寸之内，罗百世于方册之间。"这一评论可称言简意赅。

四、谱

谱的作用与表相似，但又各得其用，表以系年月为多，谱以类事为主。清人周春的《代北姓谱》、《辽金元姓谱》是记北方少数民族姓氏的谱；沈炳震的《二十一史四谱》类编了纪元、封爵、宰执、谥法等四项典制内容;张穆的《顾亭林年谱》虽也以年月为序,而其宗旨却在布列谱主生平行事;《竹谱》《兰谱》是名物谱;《锡山秦氏宗谱》则记家族宗脉支派。因此,谱之为体,在使同类事物,聚而布列,俾便检阅。

五、考证

史籍的考证包括对史籍本身和史籍内容。它既有独成专书的著作,也有散见笔记的杂考。其体宋代甚见发达,如洪迈的《容斋随笔》、王应麟的《汉书艺文志考证》等。清代尤盛,顾炎武的《日知录》开其端,钱大昕、赵翼、王鸣盛等继起,而钱大昕的《廿二史考异》更是考史名作。对正史中的政治、经济、军事、历史、经学、法律、民族、音训、典制各方面,用读书心得加以考证。他从中年开始著《考异》,七十岁方完成,可称一生精力所注之作,他不仅利用正史本身,又参考了许多史籍,仅订正宋史时即引书达六十余种。他后来写《诸史拾遗》时又增加了二十余种。这是考证群史的。还有单考一史的,如梁玉绳的《史记志疑》,施国祁的《金源劄记》。也有考一事的,如杭世骏的《汉爵考》,这类著作是前人花费一定精力的成果,对读正史提供了便利,但大都只就个别文字、事实、名物、地理、典制进行整理、解释和订补。它可以起辅助读史的作用,将研究、著述工作置于坚实可靠的材料基础上,而不能以此代替史学,作为学术的极致。

开明书店《二十五史补编》收印这类著作二百六十四种。近人东君撰《二十四史注补表谱考证简目》(《古籍整理出版情况简报》)均便于查询。

五

“二十四史”是我国通贯古今的一套史书,也是传递我国传统文化的主要渠道之一, 在世界史学史以至文化史上都居于当之无愧的领先地位。千百年来,我们的先人从中接受知识和汲取精神力量,我们的民族和国家以有这样大量丰功伟绩的明确记载而感到自豪,所以很有一加翻读的必要。但是,这样一部三千余卷、两千七百余万字的大书又从何读起呢？如果按日读一卷书计算，大约需要九年之功，这确是一个沉重的负担。其实，在读这样一部大书的时候也还有许多可以省力的地方。在"二十四史"中重点是前四史，这是应该比较详细地阅读的。前四史共四百四十五卷，如果每天读一卷，则一年半也可全毕。再者，"二十四史"中有些部分可以略读和缓读，如天文、五行等志比较偏于专史性质，需要具备一定专业知识，可置于缓读地位；年表、月表和地理、职官等志是备检索查考之用的，可作为略读以掌握其查阅方法。"二十四史"还有一些人物和时代相重复的部分，如《史记》和《汉书》间，两《汉书》间，《汉书》和《三国志》间，《南史》和宋、齐、梁、陈诸书间，《北史》和北齐、北魏、北周诸书间，既可以比读两部史书，又因为所记事迹重出，易于熟悉，可加速阅读进度。这一大套史书经过这样的用功步骤，不仅能在读书实践过程中提高阅读能力，培养钻研学术的兴趣，而且对中国数千年历史的主要史迹也能有一个大致的了解，加强对传统文化的选择能力。

（三）诸子百家

"诸子百家"之说，早在两千多年前的春秋战国时代就已出现。从先秦到汉初，我国在政治上、学术上出现了不少学派，如儒家、道家、阴阳家、法家、名家、墨家、纵横家、杂家、农家等等。各家的代表人物都被尊称为"子"，如孔子、老子、墨子、荀子、韩非子等。据《汉书·艺文志》载"凡诸子百八十九家"。所以浑称"诸子百家"，是举成数而言。"诸子百家"既专指先秦诸子，也包括他们的学说。

诸子百家产生于春秋战国时代。那时，各国都想立国称霸，而要立国、称霸，必须得民。要得民，必须讲求治国之道。于是形形色色的政治家、思想家和科学家都纷纷提出见解，宣传游说，各家之说"蜂出并作"，各引一端，舌笔相攻，形成了诸子百家争鸣不已的局面。

当时的主要学派大致分为九家：

一　道家

道家的创始人是老子。老子是个半神话的智慧人物,据说生活在公元前六至五世纪。姓李名耳,字伯阳,谥曰聃。楚国苦县(今河南鹿邑县)人。曾作周藏室之史。著有《老子》,又名《道德经》。

老子是有极大智慧的古代哲学家。他观察了天地万物的变化和社会人事的成败祸福,在《道德经》中以"道"来说明宇宙万物的演变,提出"道生一,一生二,二生三,三生万物",又说"人法地,地法天,天法道,道法自然"。否定上帝和鬼神的存在。"道"可以解释为客观的自然规律,同时又有着永恒绝对的本体意义。老子认为,一切事物都有正反两面的对立,有对立,才有变动。同时要意识到对立面在一定条件下互相转化,故有"祸兮福之所倚,福兮祸之所伏"及"柔弱胜刚强"之说。认为一切事物的生成变化都是"有"和"无"的统一,"有无相生","有生于无"。这是老子学说的独到见解。还指出"民不畏死,奈何以死惧之"的论题,以表示对统治阶级的不满与抨击。

老子认识到了事物的对立转化,却以为是简单地循环往复,看不到每一循环的过程是上升的发展,看到了深刻的社会矛盾,却又错误地认为是智者出现和技术发展的结果。所以他深恶"滥巧",主张"绝圣弃智",倒退到"邻国相望,鸡犬之声相闻,民至老死不相往来"的小国寡民的状态。

稍后的著名道家人物是庄子(约前369—前286年),名周,宋国蒙(今河南商丘东北)人,著有《庄子》。文章汪洋恣肆,极富想像力,常以寓言故事的形式阐明哲学道理。

二　儒家

儒家的创始人孔子(前552—前479年),是春秋末期伟大的思想家、政治家和教育家。名丘，字仲尼，鲁国陬邑（今山东曲阜）人。为人勤学好问，而学无常师。相传曾问礼于老聃，学乐于苌弘，学琴于师襄。年长，聚徒讲学，从事政治活动。五十岁时，曾任司寇。后周游列国，推行其政治主张，而终不见用。晚年致力教育，相传他删《诗》《书》，定《礼》《乐》，删修《春秋》。有生徒三千人，著名的七十余人。孔子的言论由他的弟子及再传弟子辑录为《论语》一书。

孔子的社会地位不高，生活接近于庶民，所以能看到民间的疾苦，主张"节用而爱人"，反对横征暴敛，认为"苛政猛于虎"（《礼记·檀弓》）。在哲学思想上，孔子极力推崇"中立而不倚"的中庸思想。在政治、教育、行为、人伦等各方面都贯穿着这种思想。就是在神鬼的有无问题上，孔子也持中庸的态度，既不肯定，也不否认，而是闪烁其词地说："未能事人，焉能事鬼……未知生，焉知死。"（《论语·先进》）这种观点在中国两千年的封建社会里起了一定的积极作用。

孔子在教育上是有大贡献的。他首创私学，收授门徒，并主张有教无类、因材施教、教学相长。他自己虚心好学，说："三人行，必有我师焉。择其善者而从之，其不善者而改之。"（《论语·述而》）有"学而不厌，诲人不倦"的精神。治学态度是"毋固（不固执）、毋我（不自以为是）"（《论语·子罕》），在学和思的关系上也有精当的见解。对待错误，主张"过则勿惮改"（《论语·子罕》），在学术上他虽主张"述而不作"，但在订定六经时去芜存精，也还是有取舍的，对保存古代珍贵典籍作出了积极的贡献。

孔子的学说中还包含着不少消极保守思想，如为维护贵族等级秩序而主张"君君、臣臣、父父、子子"，反对"犯上作乱"，要实行"民可使由之，不可使知之"的愚民政策等等。

孔子之学，三传而至孟轲。孟轲（约前372—前289年），字子舆，邹（今山东邹县东南）人，是孔子之后最著名的儒学大师，战国时的思想家、政治家、教育家。他自任为孔学继承人，著有《孟子》七篇，充分发挥了孔子学说的仁义部分。孟子主张"行仁政"，认为只有"不嗜杀人者"才能统

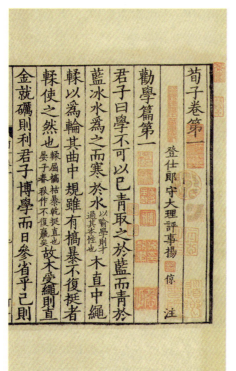

《荀子》

一天下。提出"民贵君轻"，认定残暴的君王是独夫，诛独夫不是弑君。在君臣关系上，说："君之视臣如手足，则臣视君如腹心；君之视臣如土芥，则臣视君如寇仇。"(《孟子·离娄下》)他承认有先天的"良知"、"良能"，但也重视后天的教育和自身的修养，要求达到"富贵不能淫，贫贱不能移，威武不能屈"。孟子大胆发挥孔子及西周时敬天保民的思想，成为封建时代最可宝贵的一种政治理论。但他关于"劳心者治人，劳力者治于人"的观点则完全是为统治者服务的。

荀子，名况，战国时赵人，他虽承儒学，而其思想却有别于孔孟。他批判和总结了先秦诸子的学术思想，对古代唯物主义有所发展。反对天命和鬼神之说，认为"天行有常，不为尧存，不为桀亡"(《天论》)。并大胆地提出人可以"制天命而用之"的人定胜天的思想。在政治上，他主张礼治与法治结合，特别是"法后王"的思想是对儒学的批判。

三　墨家

墨家的创始人墨翟（约前468—前376年），春秋战国之际的思想家、政治家。相传为宋国人，后长期居于鲁国。他出身于下层，自称"贱人"。曾"学儒者之业，受孔子之术"，后不满于儒学，便另立新说，聚徒讲

书文化九讲

学,成为儒家的对立学派。墨家以"非命"和"兼爱"的观点反对儒家的"天命"和"爱有差等"说,主张不分贵贱亲疏,"兼相爱,交相利","赏贤罚暴"。他"非攻"的思想,反映了广大下层民众反对掠夺性战争的愿望;他"非乐"、"节用"、"节葬"等主张是对当权贵族奢侈享乐生活的抗议。他具有"摩顶放踵,利天下为之"的牺牲精神。墨子认为要天下大治"必使饥者得食,寒者得衣,劳者得息",希望统治者改善劳动者的生活条件和经济地位。在认识论上,墨子提出"三表法",即以前人经验、实验感知和符合国家人民利益为判断真假是非的标准,比之儒家强调"内省"更为深刻。

墨家的主要著作《墨子》是研究墨学的基本资料。

四 法家

法家是先秦时期主张法治的重要学派。早期法家的先驱者有春秋时期的齐管仲(？—前645年,名夷吾)和郑子产(？—前522年,名公孙侨)等人。管仲提出的"仓廪实则知礼节,衣食足则知荣辱"、"四维(礼、义、廉、耻)不张,国乃灭亡"(《管子·牧民》)等思想对后世都有深刻影响。子产为郑"铸刑鼎",公布刑法,整顿田亩,反对迷信,使郑国在"诸侯力政"的春秋能立身于晋、楚两大霸国之间,实赖于子产治国有方。

秦国在东周时还比较落后,前三六一年孝公立,下令求贤。卫国人法家公孙鞅(后因仕秦有功,封于商,号商鞅)应募入秦,实行变法,得到孝公的支持。他重编户籍、奖励耕织、废除贵族世袭特权、奖励军功、推行法治,使秦国迅速强盛起来,终于吞灭六国,建立了中国第一个大一统的帝国。

法家的主要代表人物韩非,吸收了道、儒、墨各家的理论,使法家思想臻于成熟与完善。他是法家思想的集大成者,著有《韩非子》一书。他将商鞅的"法",申不害的"术"和慎到的"势"三者合一,建立了以"法治"为中心的专制主义的政治理论。这对中国出现中央集权的统一国家是有积

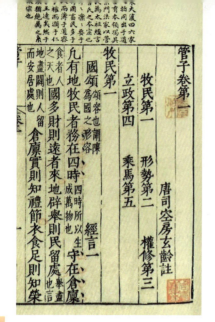

《管子》　　　　　　　　　　　　　　　　　　　　　　《韩非子》

极意义的。

五　阴阳家

阴阳家的学说产生于人们改造自然的活动,由于对天象四时逐渐有所了解而形成了"五行"观念。即以金、木、水、火、土名五行,并用它比附地上万物,即所谓五材(金、木、水、火、土五种物质),又以五材相生相克的关系说明事物的变化。至周,人们开始用阴阳观念来解释四时的更替,后又将自然界和人类社会的复杂现象高度概括为阴(--)、阳(—)两个基本范畴,并以阴、阳的交错配合来说明万事万物的不断发展变化。

到战国时期,随着这方面知识和经验的不断积累,就产生了以邹衍为代表的阴阳家。

邹衍,亦作驺衍,博学多才,尤长于天文、地理和历法。他把早期阴阳和五行学说结合在一起,并加以附会扩充,成为阴阳五行理论。著《邹子》四十九篇,已佚。邹衍依据当时的自然知识和社会经验,对天地起源和政权衍变进行臆测,扩大了人们关于时间和空间的观念,活跃了人们的思维。但他据五行生克所造出来的"五德终始"(如水德克火德、火德克金德等)循环论,却使人们对人类社会的变化及各王朝的盛衰更替形成了一种神秘主义的观念而影响于后世。

六　纵横家

纵横家指战国时从事政治、外交活动的一些谋士,虽被《汉书·艺文志》列为"九流"之一,实则不同于其他各家。他们是在春秋战国时期各国纷争、夺取霸权的活动中应运而生的一批人物。他们的言论不乏真知灼见,也很讲究表达技巧,因而颇具说服力。但同时却往往出于个人目的,极尽纵横捭阖之能事,取媚人君,以求显达。其中最有代表性的人物便是苏秦和张仪。

苏秦,战国时洛阳(今河南洛阳东)人,字季子。先后游说于周、秦、赵,都不受欢迎。当时秦势日强,使关东诸国大恐而谋求抗秦之计。苏秦有针对性地创合纵之说。先后说服燕、赵、韩、魏、齐、楚各国,佩六国相印,为约纵长,约定共同御秦之策。因此,"秦兵不敢窥函谷关十五年"。

张仪,魏人。曾爱辱于楚,后入秦为相。推行有利于秦的连横策略,即说服六国分别与秦结好,使合纵终告解体。

苏秦有《苏子》三十一篇,张仪有《张子》十篇,均佚。他们的思想缺乏中心主旨,只为谋求个人功名利禄而投时君所好,在各家思想中最为低下。

七　名家

名家亦称"刑(形)名家"或"辩者",是战国时以辩论名实为主要内容的学派。主要代表人物有惠施、公孙龙以及邓析、尹文等。其著作有《邓析子》、《尹文子》、《惠子》、《公孙龙子》等,除《公孙龙子》外,余皆早佚。名家诸子的观点,彼此不尽相同。如惠施代表性的观点是"合同异"。认为从宇宙万物总体来看,万物莫不"毕同"而又"毕异",任何事物性质上的同异都可以在宇宙这个"大一"的范围内统一起来。这便是"合同异"的理论。它夸大了事物的统一性,但也看到了事物之间差异的相对性,含有辩证的因素,对古代逻辑思想的发展有一定的贡献。公孙龙具有代表性的命题是"离坚白"。认为白而坚的石头,其"坚"与"白"不能同时存在。用眼看,看不到它的"坚",而只能看到它的"白",这时"坚"不存在;用手触摸,摸不到石头的"白",而只能摸到它的"坚",这时"白"不存在。所以说"坚"、"白"是分离的。"离坚白"的说法,只强调了两个概念的差异,而看不到二者之间的联系,从而陷入了形而上学的泥潭。

　　名家的理论包含着某些辩证的因素,因而有其可取之处。但有些观点则难脱诡辩之嫌,如"鸡三足"、"白马非马"等。

八　杂家

　　杂家是战国末期至汉代初期折中和糅合各学派思想的一部分学者,具有"兼儒墨、合名法"的特点。代表作是吕不韦主持编纂的《吕氏春秋》。吕不韦(?—前235年)原为阳翟(今河南禹县)巨商,因与秦庄襄王交结而任秦相。他组织三千门客汇合先秦各派学说,编著《吕氏春秋》,又名《吕览》。内容以儒道思想为主,兼及名、法、墨、农及阴阳诸家,故称杂家。西汉时以淮南王刘安为首编纂的《淮南鸿烈》——唐以后始称《淮南子》,虽以道家思想为主,也杂糅了儒、法、阴阳诸家的学说,故列入杂家。《吕氏春秋》和

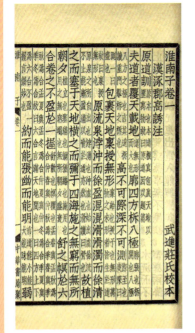

《淮南子》

《淮南子》都保存了先秦学术思想中不少有价值的资料。

除上述八家外，还有农家、小说家，合称"诸子十家"。十家之外，还有兵家、医家以及非墨的杨朱学派等。

各家代表人物影响较大的有近百家之数。他们各有一套自以为可以安邦济世的理论，或聚徒讲学，或著书立说，或周游列国，驰说诸侯。一方面大力宣扬和推行本学派的主张，一方面驳斥其他学派的"谬说"，形成了争鸣的局面。加上齐宣王喜文学游说之士，封官赐爵者七十余人。并在齐的稷下设"稷下学宫"，招揽各学派学者数千人，当时驰名的即有淳于髡、邹衍、田骈、接予、慎到、宋鈃、尹文、环渊、田巴、鲁仲连、荀况等。他们各抒己见，自由争辩，使当时争鸣的形势呈现出一派繁花似锦、目不暇接的空前繁荣局面。

当时儒家声势甚大，墨子首先起而反儒。他以"兼爱"反对儒家"亲亲有术"的等级制度，以"非乐"、"节葬"反对儒家的繁缛礼乐和"贪于饮食，惰于作务"的不劳而食的思想。说孔子"盛容修饰以蛊世"，"其道不可期世"，"其学不可以导众"，对儒学的理论力予批驳，对孔子本人也大加指斥，说孔某剥下人的衣服换酒喝等等。对孔丘弟子也大张挞伐，说"其徒属弟子皆效孔某：子贡、季路辅孔悝乱乎卫，阳货乱乎齐，佛肸以中牟叛，漆雕刑残"等等。

庄子对墨派的学说也不以为然。认为墨子的主张"其行难为"，"不可以为圣人之道"，而墨子的理想必将"求之不得（不能实现）"。

杨朱反对墨子"摩顶放踵，利天下为之"，而主张"存我为贵"，"拔一毛而利天下，不为也"，说："人人不损一毫，人人不利天下，天下治矣。"

孟子则极力维护儒学，认为杨、墨之学是对儒学的一大威胁，因而大事攻击。说："杨氏为我，是无君也；墨子兼爱，是无父也。无君无父，是禽兽也。"

农家许行主张"贤者与民并耕而食"，抹杀了必要的社会分工。孟子对此痛加驳斥，强调一人不可能兼百工之事，因此也不可能在从事农业生产的同时兼治理天下之事。

荀子曾对十二位有影响的人物逐一批驳。认为子思、孟子歪曲了孔子的本意来骗取群众；墨子强调实用、节俭而轻视等级；法家的慎到能制定法规而不能落实，无力治国；批评名家的惠施、邓析提出一些奇怪论点进行诡辩，也不能用它维护社会伦常秩序。

庄子除推崇老子和关尹外，对名法各家都有所批评。韩非认为当时众说纷纭，只能惑乱人心，从根本上否定了诸子的争鸣，以求法家的独存。

其实，诸子百家各有所长，也各有所短。后世学者作出了比较公允的评价。如《吕氏春秋·不二》和《史记·太史公自序》中都有较详尽的分析和评论。

秦始皇统一中国以后，独取法家思想治国，实行严刑峻法。由于正统儒派的抗争，而造成"焚书坑儒"的惨剧。

儒学经过一番厄运之后，随着秦王朝的覆灭而重新活跃起来。由于它在本质上维护封建统治阶级的利益，加上汉代儒学大师董仲舒的改造，吸收道家哲学及阴阳五行思想，突出宣扬"三纲五常"和"君权神授"，更适合统治阶级的需要，所以武帝断然罢黜百家，儒术被捧上了独尊的地位。在以后漫长的封建社会里，统治阶级不断按自己的需要对儒学加以改造，也始终以儒学作为维护统治地位的理论武器。

道家的影响也延续久远。汉初"黄老之治"，魏晋的玄学，都是道学的显赫时期。特别是唐初，老子被冠以"太上玄元皇帝"的尊号，在政治上有着相当的影响力。但是，后来标榜的道家，多侧重于"清静无为"的消极方面。道家真正有价值的东西一方面变成了完善儒学统治术的重要因素，另一方面，如它的哲学思想和美学思想，是作为中华文化的精华得到世代继承的。

法家的思想在秦得到了完善和实现。其中不乏有效的治国之术，所以以后历朝历代都不可能弃而不用。汉代独尊儒术，实际却以儒法相表

书文化九讲

里便是明证。

阴阳五行说，起初有其科学价值，自演变出"五德终始"说之后，再经后世文人不断加工，则变成一种近乎宗教神学的唯心主义理论，统治阶级更利用其"天人感应"的思想作为他们进行合法统治的理论依据。

诸子百家之说，在以后的历史长河中各有其变化和兴衰的命运。但各家之说的关系正如班固所言是"相灭相生，相反相成"。历代统治阶级正是不断吸收各家之长，以完善自己的统治思想，这种思想也便深深影响于人民大众的意识，成为中华文化的重要组成部分。

随着时代的演进，诸子百家的界限益趋模糊。然而对各家思想的研究代不乏人，因而各学派思想的流风遗绪不绝如缕。

儒家既得独尊之位，其著作之流传自是名正言顺。不仅孔子删定的五经，连记录孔子及其学派诸子言行的"四书"也都被官方指定为必读经典。自汉至民国有关阐释《论语》的书约有三百种之多。其中有名的注疏本有三国魏何晏的《论语集解》、南北朝梁皇侃的《论语义疏》、宋邢昺的《论语正义》、朱熹的《论语集注》、清刘宝楠的《论语正义》和今人杨伯峻的《论语译注》等。《孟子》有名的注释本有东汉赵岐《孟子章句》、南宋朱熹《孟子集注》、清焦循《孟子正义》等。其他如《荀子》、《墨子》、《庄子》、《韩非子》等各家著作，后世也多有注本和研究成果，丰富了中国传统文化的宝库。

对先秦诸子的著作，人们很早就注意收集并开始著录。子书的范围是"自六经以外立说者皆子书也"，也就是说，把儒家以外的诸子学说都列入子部。西汉刘歆《七略》始立《诸子略》一类。《汉书·艺文志》依《七略》之旧将诸子分为十家。晋荀勖编《中经新簿》分甲、乙、丙、丁四部，乙部即收录子书，东晋李充更定甲乙丙丁排次，子书归为丙部。《隋书·经籍志》则正式以经、史、子、集命名四部，千年以来相沿不改，子书成为中国文献一大类别。但后世子部界限日趋庞杂，如《四库全书》将难纳入经、史、集部的书统统归入子部，使子部成了几乎无所不包的大杂烩。除诸子百家之外，天文、算法、术数、艺术、谱录、类书、释家均归子部，共十四类二十五属，甚至命书、相书、器物、食谱、鸟兽虫鱼、杂事、杂品、异闻、琐语等亦被塞入其中，形成了凌乱不堪的子部，与最初的子书概念已相去甚远了。

秦汉以后，由于诸子各家思想的延续、发展，产生了像汉王充《论衡》、晋葛洪《抱朴子》等一批新的子书，也出现了像今本《列子》、《晏子春秋》等一批自称"古本"的伪托之作。这些，时人均列入子书。

为便于保存和查阅，明人将子书辑为多种丛书。仅嘉靖年间（1522—1566年）的诸子丛书就有《十二子》、《六子全书》、《六子书》等。其后则有明归有光辑《诸子汇函》（收九十三子），清崇文书局辑《子书百家》（一名《百子全书》）、浙江书局辑《二十二子》（子书二十二种），民国时五凤楼主人辑《子书四十八种》等。而影响较大的是民国国学整理社辑的《诸子集成》（一九三五年世界书局排印本），一九五八年中华书局重印，近年数家出版社均有影印出版。

（四）总集和别集

"集"是中国古籍分类四分法中的一大部类。它的类名虽始定于《隋书·经籍志》，但它所著录的文献内容却早已包含在中国第一部分类目录《七略》之中。《七略》的"诗赋略"中包括诗歌、屈原等赋、陆贾等赋、孙（荀）卿等赋、杂赋五个部分。第一部史志目录《汉书·艺文志》根据《七略》，仍保留《诗赋略》这一类，后来晋《中经新簿》的丁部、梁《七录》的"文集录"、《隋书·经籍志》的"集部"，直到《四库全书》的"集部"，都是从"诗赋略"一脉相承而来的。

为什么集部最早以《诗赋略》为类名呢？因为它以收集诗赋为主。诗歌是各种文学样式中最早诞生的一种。古人对诗与歌是有区别的，认为"诵其言谓以诗，咏其声谓之歌"。原始人类的诗歌是口耳相传。商、周时代始有文字记载的诗歌。当时的不少诗歌反映了下层民众的喜怒哀乐，一些采诗官便到民间采集,供王者"观风俗,知得失",并将民间诗歌编辑成为最初的总集。我国第一部诗歌总集《诗经》就是这样产生的。但因汉代将它列为儒家经典,划归"经部",而未入"集部"。

集中包含楚辞、别集、总集等内容始于阮孝绪《七录》,以后的图书分类大致历代相沿,如《隋书·经籍志》《古今书录》《归唐书·经籍志》《新唐书·艺文志》《郡斋读书志》《遂初堂书目》《宋史·艺文志》等都基本相同。《宋志》加"文史类",共四类。《明志》去"楚辞类",仅剩三类。清《四库全书》则在"楚辞"、"别集"、"总集"之后增加"诗文评"和"词曲"二类,共五类。现分述如下。

一 楚辞

楚辞是战国时代以屈原为代表的楚国人创作的诗歌,是《诗经》以后的一种新诗体。"楚辞"之名不知起于何时,汉成帝时,刘向整理古籍,把屈原、宋玉等人的作品编集成书,定名为《楚辞》,成为一部总集的名称。最早收楚辞入目的是《七略》的《诗赋略》。其中对屈原、宋玉的作品不称"楚辞"而称"赋",这是因为汉代对楚辞和汉赋一般混称为赋。其实,在文学体裁的分类上,两者是截然不同的:楚辞是诗歌,赋是押韵的散文。

楚辞的代表作品是屈原的《离骚》。伟大的爱国诗人屈原,名平,是楚国一个没落贵族。他忠君爱国,却受到排挤和打击,以至被放逐。在楚国面临危亡的形势下,他渴望竭忠尽智,却"信而见疑,忠而被谤"。诗人忧愁幽思、感慨万端,将其爱国的理想和报国无门的沉痛感情熔铸成了这篇光耀千古的浪漫主义杰作——《离骚》。《离骚》是我国古典文学中最长的抒情诗,它具有深刻的思想性和高度的艺术性,对中国以后的历代文学产生了深远的影响。

盛极一时的汉赋就是在《诗经》和楚辞的影响下产生的一种文体,在当时占有引人注目的地位。班固认为赋是贤人失志之作,当时的著名辞

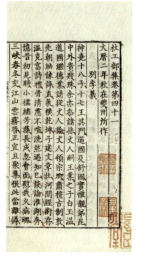
《杜工部集》

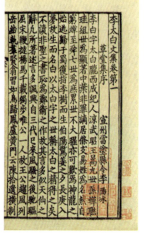
《李太白文集》

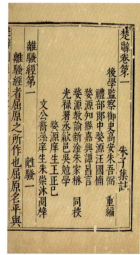
《楚辞》

赋家如贾谊、司马相如、扬雄等都是一代名流。

二　别集

别集起源于何时？一般认为始于东汉。别集的情况比较复杂。其编排体例大致可分为四种：

㈠按诗文分编。如《李太白集》，收唐李白（字太白）的诗与文共三十卷。其中诗二十五卷，文四卷，诗文拾遗一卷。

㈡按内容分编。如清阮元的《揅经室集》，将其经类文章、史类文章、子类文章及文诗，分别编排。

㈢按写作年代分编。如《杜少陵集》，按杜甫创作的五个时期的先后顺序编排。即"安史之乱"以前，"安史之乱"时期，入蜀途中，定居和离开成都之后。

㈣几种编排法混用。如《曝书亭集》，清朱彝尊撰。其作品按体裁编排，分赋（一卷）、诗（二十二卷）、词（七卷）、杂文（五十卷），附录乐府一

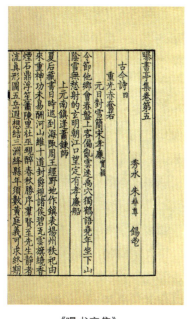

《曝书亭集》 　　　　　　　　《遂初堂书目》

卷。其中诗赋按时间顺序编排，杂文又按体裁分为二十六类。

别集，既作为集部的一个类名，又可作某一别集中区别于正集的名称。或用以显示作者专长，如李白、杜甫以诗见长，则将其文刊入别集；或为区别学术观点，如清潘耒《遂初堂诗集》，包含诗集十五卷、文集二十卷、别集四卷，其别集是关于佛教和道家的论述。也有在重刻时将补遗部分称为别集的，如宋陆游的《放翁诗选》前集十卷、后集八卷、别集一卷，其别集是后人所补入的陆游诗作。

在一些别集中常有附录若干卷，将作者的行状、墓志、赞铭等资料别为卷次，附于别集之后。如北宋欧阳修所撰《欧阳文忠集》，有附录五卷，前附年谱，后附行状、墓志、传文等。这些资料对研究作者生平有一定的参考价值。也有的附录附收他人著作，其中又有两种情况：一是附收作者亲属之作，一是编者将自己的著作附刻于他人别集之后，意在附骥。如清徐倬《苹村类稿》，附录二卷，收其子徐元正的诗文。

《欧阳文忠公集》

《河东先生集》

别集的命名五花八门，或用姓名，或用字号，或用官衔，或用籍贯，不胜枚举。

㈠以作者本名命名。《温庭筠诗集》、《诸葛亮集》等。古代人认为直接用作者的名字作集名是一种不太尊重作者的做法，因而在古籍中直接用作者姓名名集的为数甚少。新中国成立后整理出版的一些别集则多以本名作集名。如《柳宗元集》，吴文治等校点，中华书局一九七九年版，全四册。

㈡以作者字命名。如《孟东野集》，撰者是唐孟郊，字东野，故名。

㈢以作者号命名。如宋黄庭坚，号山谷老人，故集称《山谷全集》。

㈣以斋室命名。如清廖燕家有二十七松堂，故集称《二十七松堂集》。清代鸦片战争时严禁论者黄爵滋书斋名仙屏书屋，故诗集称《仙屏书屋初集诗录》，有道光时翟西园泥活字本。

㈤以官衔命名。有以作者初官名集的，如汉班固初除兰台令史，集称《班兰台集》。有以终官名集的，如南朝梁何逊官至水部员外郎，集称《何水部集》。有以谪官名集的，如汉贾谊谪为长沙王太傅，故集称《贾长沙集》。有以赠官名集的，如宋魏野追赠秘书省著作郎，秘书省为汉设掌管图书的官府，而汉代东观为藏书

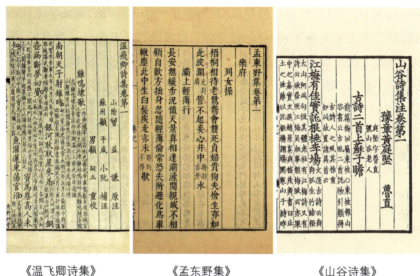

《温飞卿诗集》　　　　　《孟东野集》　　　　　《山谷诗集》

之所，著作郎常在东观，故称魏野的文集为《东观集》。

　　㈥以谥号命名。宋范仲淹谥号"文正"，故集名《范文正公全集》。也有以私谥名集的，如元吴莱死后，其门人宋濂等私谥为渊颖先生，故集称《渊颖集》。

　　㈦以封号命名。如唐颜真卿封鲁郡公，其集名为《颜鲁公集》。

　　㈧以地名命名的。有的以作者籍贯名集，唐柳宗元，河东人，集称《河东先生集》。有以居住地名集的，如唐陆龟蒙，以其曾住甫里，故集称《甫里集》。有以别墅所在地名集的，如唐许浑别墅在润州丁卯桥，故名其集曰《丁卯集》。有以所爱之地命名的，如宋陆游在蜀多年，"乐其风土，有终焉之志"，后诏令其东下，"然心未尝一日忘蜀"，故题其平生所作诗卷曰《剑南诗稿》。剑南，唐道名，即今四川剑阁以南，大江以北地区，故用以代蜀。

　　㈨以时间命名的。以作者撰写作品或编辑成集的时间作为集名，如《元氏长庆集》，唐元稹撰，穆宗长庆年间（821—824年）结集，故名。

　　此外，还有以集名表志向的，有据典故名集的，有用古文句为集名的。如宋卫泾的《后乐集》，就是取范仲淹《岳阳楼记》中的"先天下之忧而忧，后天下之乐而乐"的名句含意为别集命名的。还有以卦名命名的，宋王禹偁，三次遭贬而作《三黜赋》，集成之后，以《易》卜卦，得乾之小畜卦，因以"小畜"名集。有的一人之集，从不同角度命名，就形成一集多名的现象，如文天祥的集子就有《文山全集》、《文山先生全集》、《文忠烈公全集》、《文丞相全集》、《庐陵文丞相全集》、《文信国公集》、《文山集》、《文山别集》、《文信国公全集》等名目。

三　总集

　　凡诸家作品的综合集称总集。它起源甚早，《诗经》、《楚辞》都是早期的诗歌总集。由于《诗》入于经，楚辞又被当作一地（楚地）之作，故均不视为总集。集部的总集究竟始于何书，说法颇不一致。《隋书·经籍志》和《四库全书总目提要》都主张总集以晋挚虞的《文章流别集》为始。

　　《文章流别集》分集、志、论三种，即《文章流别集》、《文章流别志》和《文章流别论》。"集"选文，"志"是目录和作家简历，"论"则评述文章的源流高低。这是很有价值的一部总集，其书虽佚，其论尚散见《艺文类聚》中。

　　挚虞之后，总集影响最大者，当推梁昭明太子萧统所编《文选》（亦称《昭明文选》）。

　　《文选》是我国现存最早的一部诗文总集。它选录了上起周代，下迄梁

《文选》

朝,前后近八百年间的诗文辞赋七万多篇(首)。选录的标准特重文采,"事出于沈思,义归乎翰藻",就是说,构思深沉,词藻华丽的作品才能入选。《文选》一书,对后世影响很大,自梁萧该著《文选音》开了研究和注释《文选》的先河,从隋代曹宪之后逐渐形成了专门学问——"文选学"。历代注本甚多,而其中最有价值和代表性的要算是唐李善的《文选注》。李善注《文选》征引群书达一千六百八十九种,参考资料遍及经、史、子、及及文字、训诂、佛经等,故自来有"淹贯古今"的评价。与《水经注》、《三国志注》、《世说新语注》合称中国古籍中的四大名"注"。后代编纂文章总集的大都参照《文选》体例。宋李昉编的《文苑英华》所录诗文起于梁末,用以上接《文选》,且其分类编辑,体例也与《文选》大致相同。

《文选》的衡文标准不无片面之处,加之不收经、史、子类,就难免遗漏一些优秀的文学作品。但《文选》在划分文学与非文学的界限方面,认识更进一步,对以后文学的繁荣都具有一定的作用。再则《文选》保存了大量优秀作品,对后代研究从先秦到南北朝的文学发展提供了有价值的材料。

《文选》之后,诗文总集层出不穷,或为"全集"性的,如《全上古三代秦汉三国六朝文》、《全唐文》、《全宋词》等;或为选集性的,如《古诗源》、《古文观止》等。

总集就其编排特点可分为三大类:

㈠按时代编排。有通代的,如《文选》、《文章正宗》等;有断代的,如《唐文粹》、《宋文鉴》、《明文衡》、《清文汇》、《全唐诗》、《全宋词》以及近期出版的《全宋文》等。

㈡按文学作品体裁编排。有专辑历代同一体裁文学作品的,如《全汉三国晋南北朝诗》、《玉台新咏》、《历代赋汇》等;有专辑一代某一体裁作品的,如《明诗别裁》、《宋诗钞》等;有汇辑各种文学体裁的,如《文苑英华》、《唐文粹》等。

㈢按文学流派编排。如《西昆酬唱集》、《花间集》等。

因为总集是收集一代或几代文学作品的，特别是全集性的总集，是尽可能求全的，这样就保存了大量的文学资料，对后世研究前代的文学作品提供了比较系统、完备的材料，因而就具有特别重要的价值。许多古典作品因年代久远而残缺不全，可用总集校补，甚至有的别集久已亡佚，却可依赖总集辑佚成书。如唐张说的《张燕公集》，虽有传本，仅二十五卷，原本三十卷，用《文苑英华》互校，补出遗漏的杂文六十一篇。《四部丛刊》本的《李义山文集》(唐李商隐撰)，五卷，是从《唐文粹》和《文苑英华》等总集中辑抄而成的。

四　诗文评

这一类目的设置始于《四库全书》。论文品诗的书入于本类。对诗文优劣的评论及诗文创作的理论概括，首先散见于"六经"和诸子著作，虽不乏真知灼见，毕竟是零金碎玉，不够系统和全面。随着诗文作品的大量涌现，才逐渐产生了专门从事文学批评的专论，如魏晋时期曹丕的《典论》、陆机的《文赋》。我国古典文学理论批评的第一部系统专著是《文心雕龙》。

《文心雕龙》，南朝梁刘勰撰。它全面地继承我国一千多年文学理论的成果，系统地总结了自商周至齐梁时期文学创作的经验，建立了比较完整的古代文学理论的体系，对后代文学创作及文艺理论的发展都产生了深远影响。全书分上下编，各二十五篇。内容可归纳为总论、文体论、创作论和总序四个部分。全面精辟地论述了文学与时代政治，艺术创作与形象思维，文学体裁与风格，内容与形式，继承与批判等文艺理论方面的诸多重要问题，抨击了当时片面追求形式的文风。在我国文学批评史上，第一次把文学发展描写为一个不断运动、变化、发展的过程，并力图揭示其内在联系。这是前无古人的杰出贡献。

稍后于《文心雕龙》的《诗品》，是文学批评的又一部杰作。《诗品》，南朝梁鍾嶸撰，是现存我国最早的一部诗歌评论专著。它系统地论述了从汉魏到南朝齐梁时代的五言诗，并将其间一百二十二个诗人分为上、中、下三品，分品论人，故名《诗品》。又在品第之外，评论诗作之优劣，故又称《诗评》。《隋书·经籍志》著录"《诗评》三卷，鍾嶸撰，或曰《诗品》"。后世则只称《诗品》了。《诗品》对不少诗人作了比较具体的分析，指出其创作特色及渊源流变。对诗歌提出了一些原则性的看法，并批评了当时的不良诗风。《诗品》所涉及的一般理论问题，有的至今还有借鉴意义。

《文心雕龙》

唐宋以后，诗文评的著作增多，一类是诗话，一类是诗纪事。

诗话，或评论诗歌、诗人、诗派，或记录言论、轶事，兼论诗歌创作的原则，是我国文学理论批评和文学史的重要资料。历代诗话著作甚多，但篇幅短小，分散，不便检阅，于是遂有诗话丛书的编辑。重要的诗话丛书有三部：

㈠《历代诗话》，清何文焕辑。汇刻鍾嶸《诗品》至宋、元、明诗话计二十七种。

㈡《历代诗话续编》，丁福保辑。实际是《历代诗话》的补编。收唐、宋、金、元、明诗话二十八种。

㈢《清诗话》，丁福保辑。专收清代诗话，计四十二种。

此外，还有一些重要的诗话，如南宋胡仔纂集的《苕溪渔隐丛话》、魏庆之编的《诗人玉屑》。清袁枚所撰《随园诗话》和近人梁启超所撰《饮冰室诗话》等，也都颇受重视。

诗纪事，是诗文评中的一部分，它兼具诗歌评论与诗歌史料的性质。首先写诗纪事的是南宋计有功，作《唐诗纪事》，收录唐代诗人一千余家。在每个诗人名下，或录其诗，或兼及本事，或采集评论，或撮述生平。这样系统地搜集整理工作，对保存一代诗歌文献具有重要的意义，故后代多所仿制，如清厉鹗的《宋诗纪事》，近代陈衍的《辽诗纪事》，陈田的《明诗纪事》等。

评文的论著，如《文章缘起》、《文章辨体》、《文章精义》、《文体明辨》、《文则》、《文说》、《文概》、《文学津梁》、《论文集要》等等，或论文体的缘起，或论修辞，或解说体式，或评论文章的工拙繁简、源流得失等，在文艺理论上都具有参考价值。

五　词曲类

这是《四库全书·集部》的最后一类。此类之下又分词集、词选、词谱、词韵和南北曲六属。这类著作虽被收入集部，但《四库全书总目》的作者对词曲的文学价值却认识不足，认为"厥品颇卑，作者弗贵"，虽"未可尽斥为俳优"，然而只能"附之篇终"。于词分为五类，而曲"则惟录品题论断之词"，其"曲文则不录焉"。

词由诗演变而来，故有"诗馀"之称。它始于中唐，盛于宋代。宋代词坛，名家辈出。而自苏轼、陆游、辛弃疾之后，词作展现了新的风貌，打破了以前专写男女恋情、离愁别恨的俗套，为词开拓了新的创作领域。以后历代出现了众多的词人和大量的作品，词的别集、总集也就随之产生了。

词集，收录词作的别集。如宋晏殊的《珠玉词》，柳永的《乐章集》、苏轼的《东坡乐府》、李清照的《漱玉词》、辛弃疾的《稼轩长短句》等。

词选，收录词的总集。后蜀赵崇祚编的《花间集》是较早的词总集。以后有南宋黄昇编的《花庵词选》、周密编的《绝妙好词》等；明人毛晋编的《宋六十名家词》、陈耀文编的《花草粹编》等；清人朱彝尊编的《词综》、沈辰垣等编的《历代诗馀》等；今人唐圭璋编的《全宋词》、胡云翼编的《宋词选》等。

词评类的书有宋胡仔所撰《苕溪渔隐丛话》、张炎所撰《词源》、明杨慎所撰《词品》以及近人王国维所撰《人间词话》等。

词谱、词韵，收录有关填词谱式及押韵的书。唐宋两代没有词谱，至明清两代，词

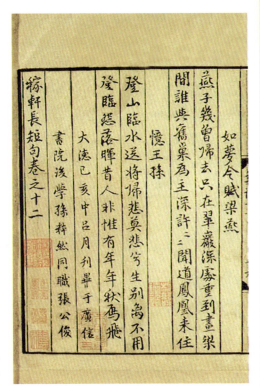

《稼轩长短句》

谱著作才逐渐增多。如张綖的《诗馀图谱》、清万树的《词律》及清《钦定词谱》等。

曲作为一种新诗体，形成于宋金，大盛于元明。曲有南曲、北曲之分，北曲又有杂剧、散曲之别。杂剧是长曲、有科（动作指示）、白（道白）；散曲则短小而无科白，形式与词相似。元代曲作家可考者十百多人，明代曲作家三百多人。曲作家最著名的是关汉卿和王实甫，他们的《窦娥冤》和《西厢记》都是脍炙人口的名作。散曲总集有《梨园按试乐府新声》、《乐府群玉》（均为元无名氏辑）、元杨朝英选辑的《阳春白雪》和《太平乐府》，即所谓"杨氏二选"，明人辑的《盛世新声》、《乐府群玉》，陈所闻编的《南北宫词记》，今人隋树森编的《全元散曲》，王季思主编的《元散曲选注》等。谈

曲谱的书有康熙间的《钦定曲谱》等。谈曲韵的有元周德清的《中原音韵》等。

集部之书，自"诗赋略"开始，就以专收文学性的作品为主。演变为四部的集部以后，依然以文学作品为主要收录对象，但又并非如此绝对。如有的论学记事的个人别集也混杂其间，有的存人存事之作也溷入总集；反之，纯为文学的词曲、小说反而没有得到应有的地位，甚至未被立类。

也许在今后图书分类编目的发展过程中能得到妥善合理的解决。

第九讲 图书的再编纂

(一)类书

文化的传递需要图书,但图书内容往往包含着多方面,同类内容又往往散在各种图书中,都不便查阅和使用,因此就把各种图书中同类或相近类的资料,或按问题分类,或按字分韵,加以汇集在一起,成为一种便于省览、记忆和检索的资料类编,它就是类书。近人班书阁在《中国历史要籍介绍及选读》一书中曾为之界说云:

> 所谓类书,就是随类相从的书,也就是类事之书。具体些说:采撷群书,分门别类地加以编排而利检录的书籍,叫做类书。

类书的起源,有各种不同的说法:

有人认为,类书起源于杂家著作的《吕氏春秋》。清代学者汪中即以《吕氏春秋》为类书之始,他在《述学》中说:

> 是书之成,不出一人之手,故不明一家之学,而为后世《修文御览》、《华林遍略》所托始。

清辑佚家马国翰的《玉函山房文集》卷三《锱铢囊序》中也持同一见解。《吕氏春秋》虽然出于众手,采择资料范围较广,但并不是钞纂各种图书中的同类内容汇编而成,所以不能算作类书。

有人认为,《淮南子》是最早的类书。宋人黄震认为《淮南子》是类书的造端。他在《黄氏日钞》卷五五中曾说:"(《淮南子》)荟萃诸子,旁搜异闻以成之。凡阴阳、造化、天文、地理、四夷、百蛮之远;昆虫草木之细,瑰奇诡异,足以骇人耳目,无不森然罗列其间。盖天下类书之博者也。"清人钮树玉认为,《吕氏春秋》是"自成一家,多他书所未载,非徒涉猎也";而说"类书之端,造于淮南子"(钮树玉:《论淮南子》,见《匪石先生文集》卷三,一九一五年上虞罗氏《雪堂丛刻》本)。《淮南子》虽说是"博采群说,分诸部类",不过它的中心主旨是用各种资料来表达老庄思想,不是单纯的文献汇编,也不能算类书。

《吕氏春秋》和《淮南子》这些书虽与后来类书体例不甚相合,但从它分类会聚的编撰体例来看,却给后来类书的编纂以启示。

东汉以后,由于文章日趋繁富,追求形式整齐,喜欢在文章中采用典故,可是当时得书条件还很差,于是人们各就所需,从各种文献典籍中分类钞纂,这也为正式编纂类书开辟了道路。

最早的正式类书究竟是哪一部呢?宋朝的学者曾提出两种不同的说法。

一种是《郡斋读书志》的作者晁公武提出的。他在卷十四《类书类》立梁元帝(552—554年)所撰《同姓名录》三卷于首,认为"类书之起当在是时"。清朝所编《四库全书总目》也同意此说,认为"类书之书,莫古于是编"。

另一种是《玉海》的编者王应麟提出的。他认为类书始于曹丕组织编纂的《皇览》。清末张之洞编写《书目答问》把《皇览》的辑本列于"类书类"之首,承认《皇览》为最早的类书。《四库全书总目》卷一三五《吴淑事类赋条》又说：“类书始于《皇览》。”显然与上面所说自相矛盾。

《皇览》的编纂情况在《三国志》的有关纪传中曾有所记载。《皇览》是魏文帝曹丕在黄初年间（220—226年），组织刘劭、王象等学者从五经群书中，按类辑录有关资料，分编成四十余部，每部又分几十篇，全书共有千余篇，八百多万字，题名《皇览》（《三国志·魏志》《文帝纪》、《刘劭传》及《杨俊传》注，中华书局印本）。从命名上看，编这样一部大书主要是供皇帝翻检省览的。可惜这部大书早已亡佚，清辑佚家孙冯翼曾有辑本一卷，收入《问经堂丛书》。

《皇览》成书在黄初时，黄初是魏文帝曹丕的年号，在二二〇年至二二六年间。《同姓名录》成书在梁元帝承圣时，是五五二年至五五四年间。《皇览》成书早于《同姓名录》三百余年，所以应以《皇览》为类书之始。

类书之列入目录有其沿革。荀勖撰《中经新簿》列《皇览》于史部（此据《隋志》序。《四库提要》言荀簿入《皇览》何门无考，殆未据《隋志》加以深考）。《隋志》入类书于子部杂家类。《旧唐志》于丙部子录十五别立“类事类”，以收类书。类书之自成一类始此，但尚无类书之专名。《新唐志》则改“类事类”为“类书类”，类书之名始定。类书的定义，张涤华《类书流别》曾为之界说云：

> 凡荟萃成言，衰次故实，兼收众籍，不主一家，而区以部类，条分体系，利寻检，资采掇以待应时取给者。

关于类书立专类问题，前人多有论说，如：

⊝宋郑樵：《通志·校雠略》分图书为十二类。其第十一类即类书类，此类书独立一类之始。郑樵孙郑寅《郑堂书目》与清孙星衍《祠堂书目》多依此立类。

⊝明胡应麟：《少室山房笔丛》卷二九主张附类书于四部之末。祁承㸁《澹生堂藏书约》从之。

㈢清章学诚《校雠通义》二之五主张按内容性质分属，即将类书分别依其所收内容分别散入史部故事类、集部总集类、子部杂家类。但综合性类书或超出上述范围者又难归属。

㈣清张之洞《书目答问》附类书于子部之末，并注称"类书实非子，从旧例附于此"。其意仍以类书当独立一类。

㈤近人刘咸《读校雠通义》主张类书可包括总类、句隶、类考、专类、策括。其不可系属者归之他门。

类书从《皇览》以后，日益发展，它的发展进程，大抵可分三期：

六朝到唐是类书的创始期。

六朝由于骈俪文兴起，文人讲究辞藻，争相搜求故事僻典，纷纷钞撮字句，所以继《皇览》之后，就有《语对》一类专门汇集辞藻的类书出现。唐代又有供为政参考的类书。所以类书数量日增，《隋书·经籍志》著录的类书有两千余卷，唐代也成书万卷，可惜这些书大多亡佚，现存者可举数种主要者为例：

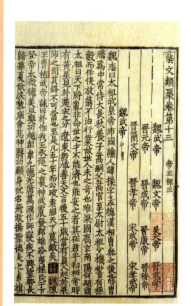

《艺文类聚》

㈠《北堂书钞》，隋时虞世南编，原书是一百七十三卷，八十部，八百零一类，今已不可得。现在通行本是明万历时的刊本，共一百六十卷，十九部，八百五十一类。这个刊本由于随意增删而失去原书面貌。清朝学者孙星衍、王引之等曾对明刊本加以校订，有光绪刊本，略胜于明刊本。《北堂书钞》是现存比较完整的最早类书。书中汇集的资料多出自隋以前的图书，这些图书多已亡佚，所以《北堂书钞》对辑佚、校勘有一定的作用。

㈡《艺文类聚》，唐初欧阳询等人奉命纂集，共一百卷，四十六部，七百二十七目。全书有事有文，而且不是截取片段，而是整篇收录。它收录了唐以前的古籍一千四百余种，起到了保存历史文献的功用。

㈢《群书治要》，唐太宗命魏徵等人所编，共五十卷。它从六经诸子中，把从古代五帝到晋朝止的有关治理国家大要的文献辑录成一书，它虽和《皇览》性质相同，但汇集文献的方法不同。《群书治要》所收的文献多是完篇整段。

㈣《初学记》，唐玄宗为便于他的皇子们作文时检索典故，而过去所编类书又篇帙过大，使用不便，所以特命徐坚等人撰《初学记》，共三十卷，二十三部，三百一十三目。每目分叙事、事对和诗文三部分。这与一般类书略有不同。在唐人类书中，它虽不如《艺文类聚》博，但却选录较精，胜过《北堂书钞》等书。

近代以来，在敦煌还发现古类书残卷三种，罗振玉于一九一七年曾叙其事。据其内容大抵为晋、唐所作（《雪堂校刊群书叙录》下，民国七年铅印本）。

宋代是类书的发展时期。

宋代类书之所以发展，主要有三个原因：一是撰作诗词骈文，需要有按类分编的词藻典故供采择；二是科举考试，需要类书备作文时检索；三是最重要的政治原因，宋统一后，对待各国降臣采取宽容政策，但不在政治上加以重用，于是举办编纂大书活动，安置降臣以消磨他们的意志（王明清：《挥麈后录》卷一《太宗收用旧臣，处于编修，以役其心》条，民国间商务印书馆《学津讨原》影印本）。于是编纂了一些取材广泛，内容丰富，数量多，篇帙大的类书，就《宋史·艺文志》所著录的类书已达一万一千三百九十三卷，补志又增两千三百四十一卷。其中《太平御览》一书对后世影响极大。

《太平御览》是宋太宗主持编纂的一部具有百科性质的大类书。它开始于太平兴国二年三月十七日（977年4月8日），成书于太平兴国八年十二月二十九日（984年1月24日），历时六年九个多月。参加主要编撰工作的有李昉、扈蒙、徐铉、吴淑等十余位重要大臣和著名学者。吴淑、吕文仲、王克贞三人则是专心致志从事编务的学者，其中尤以吴淑曾独力编纂过一部三十卷的《事类赋》，是一位富有经验的类书专家，所编《事类赋》更是一部流传广、利用多，对后世颇有影响的私撰类书。

这部大类书原名《太平总类》，在全书将要完成时，宋太宗为炫耀自己的好学和提倡文治，曾要求每日送阅三卷，用一年时间审定成书，并改题《太平御览》，表示这是经过太宗皇帝亲自看过的。

《太平御览》篇帙宏富，有一千卷之多。它有几方面的资料来源，一是过去的类书，如唐《文思博要》和北齐《修文殿御览》等；二是宋朝国家藏书机构三馆中所保存的晋唐以来古籍。所引用的资料，达一千六百九十余种（一说有两千五百八十种左右）。其中有十之七八到两宋之间已流传甚少，宋代的学者洪迈和陈振孙、明代的学者胡应麟都曾评论这一价值。清以来学者也多称此书。如赵怀玉说此书"搜罗浩博，至今为考据渊薮"（《亦有生斋集·文》卷二《墨海金壶序》，嘉庆二十年刻本）。张之洞《书目答问》注此书为类书中"最要"者。《补正》撰者近人范希曾说："《御览》存古佚书最富，数为类书之冠。"近人张舜徽《广校雠略》盛赞其书说：

> 即以《太平御览》一书言，所引秦汉以来之书多至一千六百九十余种，考其书传于今者十之二三，则有此一书，不啻存秦汉遗书千余种矣。

《太平御览》汇聚大量文献，为便于检用分为五十五部，一千卷，五千三百六十三类，还有六十三个附类，总合有五千四百二十六类。它分五十五部不是随意确定，而是有典故出处的，因为《易·系辞》里有段话说："天一、地二、天三、地四、天五、地六、天七、地八、天九、地十。天数五，地数五，五位相得而各有合。天数二十有五，地数三十，凡天地之数五十有五。"意思是天的五个方面总加起来是二十五，地的五个方面总加起来是三十，天和地相合是五十五，因此这"五十有五"就表示包罗万象了。五十五部包括天地人事、州郡职官、礼仪治刑、释道服饰、工艺器物、珍宝布帛、百谷饮食、神鬼妖异、羽兽鳞介、果木百卉等等，足以表明此书收罗广富。各部之下分类更细，但不免部与部间有重类的地方，所以有的记载说四千五百五十八类。除了类目重复外，《太平御览》引用书名多有错乱异名、误抄难懂和题名与引文不符种种不足的地方，应引起使用者的注意。

《太平御览》由于流传较广，刊本也多。宋时已有刊本，陆心源的皕宋楼曾藏有南宋刊残本，后归日本静嘉堂文库。明清两代有多种刊本，见《增订四库简明目录标注》著录。乾嘉学者陈寿祺撰《校太平御览跋》记刊本源流及阮元校本颇详（《左海文录》卷七，道光间三山陈氏家刻本）。

《太平御览》虽有缺点，但却有很高的参考价值。它所引用的古书，十之七八已经失传，后世靠此书还能了解到宋以前某些佚书的概貌，有些有用的古书，如农业技术专著《氾胜之书》早于《齐民要术》几十年，可惜早已失传，只有从《太平御览》中去寻求了解。它保存的古地理书就达三百多种。这不仅保存了不少失传古书的零篇残简，还对后人为恢复古书面貌，传递传统文化的辑佚工作有重大的贡献。它是保存宋以前文献部最大的一类书。

《太平御览》

宋朝另一部千卷大类书是《册府元龟》,它是宋真宗创议编撰的。宋真宗羡慕他父亲太宗主持编纂了几部大类书,也准备编一部千卷大书,于是在景德二年(1005年)命令王钦若、杨亿、钱惟演等人编纂一部以历代君臣事迹为主的大类书,初名《历代君臣事迹》,书成以后,真宗改题作《册府元龟》,册府指收藏的大量图书,"元龟"指"龟鉴",即借鉴的意思。书名说明这部书是从大量图书中搜集可供政治重要借鉴资料而编成的。

这部类书从景德二年(1005年)九月开始,历经八年,到大中祥符六年(1013年)完成,共一千卷,三十一部,一千一百一十六门。它虽与《太平御览》卷数相同,但各卷容量较大,所以总字数大约超过《太平御览》一倍,有九百余万字,是《四库全书》所收书中仅次于《佩文韵府》的第二部大书。

《册府元龟》的编纂特点是:㊀它对所采录的资料,不改旧文,即使有错讹或不恰当处,也只在原文下加注释;㊁它所采录的资料都是正经正史,而不采录异闻小说;㊂它在每部前写总序,门前写小序,所以有总序三十一篇、小序一千一百一十六篇。总序一般千余字,最长的一篇有万余字,小序一般是一二百字。这些序都写得言简意赅,有助于使用本书。

《册府元龟》由于所采录的多是常见书,加以所引资料不注出处,所以自宋至清不为学术界所重视。直至近代,始为著名史学家陈垣先生所注意。陈先生认为这部书材料丰富,自上古至五代,按人事人物,分门编纂,概括了全部十七史。它所收的史书都是北宋以前古本,所以可用来补史、校史。清朝的辑佚学家没有利用这部书实在是一大缺憾。自从陈先生充分肯定了这部书的史源价值后,研究它、利用它的学者日益增多。

宋朝除了官撰类书外,还有私人编纂类书的,王应麟的《玉海》可算是代表作。《玉海》共二百卷,分二十一部,二百四十余类,征引的资料遍及经史子集。这是一部内容比较繁富完备的类书。

明清两朝是类书的兴盛期。

明成祖在靖难之役后,为了笼络人心,拉笼知识分子,便组织大批人手，编成一部卷帙空前浩繁的大类书《永乐大典》。这不仅是明朝类书编纂中的突出成绩，也在中国类书发展史上居于首位。

《永乐大典》的编纂始于永乐元年（1403年）七月，指定解缙等人负责，并规定了编纂宗旨体例。第二年十一月书成进呈，定名为《文献大成》。不久，明成祖嫌所编内容不够完备，于是命令重修，增派姚广孝、刘季篪与解缙共主其事，又增设大臣、学者担任具体领导工作，全部工作人员达两千一百多人，到永乐六年（1408年）冬，全书告成，改赐名《永乐大典》。

《永乐大典》采录上古至明

《永乐大典》

初的重要典籍近八千种，共两万两千八百七十七卷，另凡例、目录六十卷，装订成一万一千零九十五册，约三点七亿字。这是中国历史上规模最大，内容最丰富的巨型类书，在世界文化史上占有重要地位。全书根据"用韵以统事，用字以系事"的编排方法，按《洪武正韵》分列单字，每一单字之下，先注音韵训释，备录篆隶楷草各种字体，最后汇辑各书中与此单字相连有关的天文、地理、人事、名物以及诗词典故、杂艺等各项记载。凡单字注释、引文的书名、作者都用红字标出，颇为醒目。

《永乐大典》比较完整地保存了较多的古人文献，如元以前的佚文秘典，世无传本的，多赖它全部或全篇地保存下来，成为后人辑录古佚书的

皇史宬

重要源泉,清初学者全祖望开始从事这项工作。乾隆时编纂《四库全书》,就从中辑录数百种,采收了三百余种,其中《旧五代史》、《续资治通鉴长编》、《直斋书录解题》等著名典籍都是从《永乐大典》中辑出来的。嘉庆时徐松又从中辑出《宋会要》五百卷,为研究了解宋朝文化典制开辟了重要史源。《永乐大典》不仅收录正经正史著作,也收录有关农业、手工业、科技、医药等对民生日用有益的大量资料。它不愧是中国文化的转运总库。

书文化九讲

　　《永乐大典》成书后,只缮写了一部,后随明成祖迁都而运至北京储存。明世宗嘉靖四十一年(1562年)八月,为避免意外灾难,又组织重录副本,历时五年,到穆宗隆庆元年(1567年),重录工作完成,储藏在皇史宬。正本在明末已下落不明,副本也陆续散佚,至清光绪后期,仅存八百余册。八国联军入北京,绝大部分被烧,残余部分也被各帝国主义劫掠,这是对中国文化,甚至世界文化一种野蛮的摧毁。一九五九年中华书局又增入新征集到的残卷,合计正文七百九十七卷、目录六十卷,影印精装十册出版,使更多的人可以看到《永乐大典》的样式和内容体例等。

在《永乐大典》之外，明朝私纂类书也不少，但都无法和《永乐大典》相比。

清朝类书在前代发展基础上，有显著进展，其体例之精、种类之多、规模之盛、检索之便，颇多超越前代之处。康熙朝始修的《古今图书集成》可算清朝类书的代表。清人笔记多记其事，如史梦兰《止园笔谈》卷四记称：

> 是书也，康熙间圣祖仁皇帝命儒臣宏开书局，搜罗经史诸子百家，别类分门，自天象地舆、明伦、博物、理学、经济以至昆虫、草木之微，无不备具，诚册府之钜观，为群书之渊海，历十有余年而未就。世宗宪皇帝复诏虞山蒋文肃公率在馆诸臣重加编校，正讹补阙，经三载而后整定成书，图绘精详，考订切当，御制序文弁其首，以内府铜字连缀成版，计印六十余部，未有刻本也。其书为编有六，为典三十有二，为部六千一百有九，为卷一万。

徐锡麟《熙朝新语》卷十三，刘玉书《常谈》卷四均有记及。

《古今图书集成》是康熙时学者陈梦雷奉命编纂的一部类书。该书从康熙四十年（1701年）十月正式开始编修，至四十五年（1706年）四月成书，命名为《古今图书汇编》，当时未刊行。雍正初，原编者陈梦雷因政争问题牵连，被加罪流放，改派蒋廷锡主持重编工作，雍正三年（1725年）书成，改名《古今图书集成》，次年就以铜活字排印六十四部，样书一部。每部五千零二十册，分装五百二十二函。

《古今图书集成》全书共万卷，另有目录四十卷，内分六汇篇，三十二典，六千一百零九部，总字数有一点六亿多字。每部之下设汇考（引各种古书材料，考溯事物源流）、总论（主要摘录经书中有关事物的论述）、列传（辑录人物传记资料）、艺文（收录有关诗文词赋）、纪事（录有关琐细小

《古今图书集成》

事,补充汇考的不足）、外编（录神话传说及荒诞无稽的记述）等类,有的还附录图表。全书搜罗宏富,在三级类目下又加复分,体例谨严而完备,是我国现存规模最大、收集资料最广的类书。

《古今图书集成》所收录的资料多是不加删节的整篇整段,保存了大量原始资料,对后来辑佚、校勘有提供史源的作用。它汇聚专题比较集中,数量较多,往往可作研制某一专题的基本资料依据。它对资料出处、书名、作者等标注比较详明,可备查核原书。但是由于成书时间短,主事人员少,以致抄写脱漏、随意删节和收录欠广等不足之处,应在使用时有所注意。

《古今图书集成》之外,还有《佩文韵府》、《渊鉴类函》、《骈字类编》等等,都是便于检索,有利用价值的类书。

清代乾嘉以后人多以类书为读书、作文、应举的捷径,于是《子史精华》、《韵府字锦》之属层出。坊间书贾,为投时好,大量刊行而日趋冗滥,嘉庆十九年（1814年）从姚元之建议曾令禁止流布应急类书,加以朴学兴盛,人多鄙弃类书,而类书之撰乃趋衰落。

类书既多且杂,但编制方法不外以事分类及以字分类。以类分者有一书即聚一类文献者,如白居易的《白朴》三卷即汇聚当时诏批答词供公文程式取法,其书已佚。有综合各类为一书者,占类书之多数,如《艺文类聚》、《太平御览》皆是。以字分者有齐句首者,如康熙时所编《骈字类编》

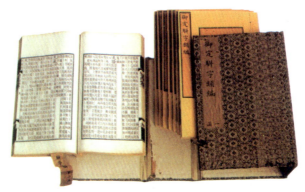

《御定骈字类编》

专收二字合成词藻,以上以字分类,后世辞书多以此法。有齐句尾者,如《佩文韵府》收二、三、四字词语,均在尾字四声分韵编列。新印《佩文韵府》附有检字,使不熟悉韵部者称便。

类书在保存和传递文化上有着重要作用。我们可以通过一部类书接触到更多的书,并且由于分类钞撮而便于省览。有时为查明一个典故的出处,类书又成为最好的检索工具。有的诗人墨客在吟诗作文时也常常从类书中采取词藻来为作品增色。但是,也应该注意类书因辗转相引而造成的讹误。因此必须认清类书只是按类钞纂的资料汇编,可以作查找资料的线索,尽可能去查找原书,如原书已佚,不得已才用它为依据。我们可以从类书中去辑录一些亡佚的古书,但切忌用类书的引文而乱改存世的古书。只有这样,才能正确地发挥类书的作用。

(二)丛书

丛书是把若干种图书编集在一起的图书,它便于收藏和利用。最早使用"丛书"这一名称的是唐朝陆龟蒙的《笠泽丛书》,但它和后来总聚众书的体裁不合。它是陆龟蒙自编诗文集的书名,是表示自己的诗文"丛脞细碎"的谦词,所以后世目录中把《笠泽丛书》列入集部别集类。宋人王楙撰有《野客丛书》三十卷，但它是王个人的考证杂著，徒有丛书之名而非丛书之实，所以后世的目录书把它列入子部小说家类。这两部使用丛书名义的书都不能算丛书的起源。

那么，丛书起源于何时呢？历来颇有争议，学者们各抒己见，主要有以下几种说法：

㈠近人汪辟疆认为总聚众书成为一书的便是丛书，所以诗、书等就是丛书的起源。姚名达也有类似的主张。把丛书的起源远推之上古，似乎太早，因为如《尚书》只是篇的集合，而不是书的汇聚，并且经过自成体系的编制，是一部独立的书，而不是群书之府，所以诗、书等不能视为类书。

㈡《四库全书总目》认为《隋书·经籍志》所载齐陆澄的《地理书》一百四十九卷和梁朝任昉的《地记》二百五十二卷是"丛书之祖"。《地理书》收录了自《山海经》以来一百六十家地理书，《地记》则为前书增了八十四家。从总聚群书意义上看，是符合丛书体例的，但它包括的只是地理一类，而不是多类，因此，这可以算是专科丛书之始，宋初的《开宝藏》应属于这类丛书。

㈢清朝蒙古族学者法式善认为宋人曾慥所编《类说》抄录了自《穆天子传》以来的二百五十种书，并有各作者的生平，应该算作"丛书之祖"（法式善《陶庐杂录》卷四，《清代史料笔记丛刊》，中华书局一九五九年版）。《类说》虽是收录群书，但它以书为纲，并不全录原书，而是在各书之下又立词目，按词目分类选抄。所以《类说》不能算纯粹丛书，而是杂采丛书与类书两种体制糅为一书。清朝另一位学者叶名澧在所著《桥西杂记》的《丛书》条中同意此说。

㈣清代大学者钱大昕认为宋人左禹锡所编《百川学海》荟萃古人书为一部，并加以新的命名，是丛书之始（钱大昕：《跋百川学海》，见《潜研堂文集》卷三十，上海古籍出版社一九八九年版）。《百川学海》是宋度宗咸淳九年（1273 年）左禹锡所辑刊，分十集，共收书一百种一百七十七卷。所收唐宋人著述为多，间有晋代和六朝的，曾被有些学者认为是"首尾完善"的丛书。因此，直到清光绪以前，《百川学海》是丛书之祖的说法几乎已为学术界所公认。事实上，这部书即汇聚众书，又不局限于专科，可以称为一部体例完整的综合性丛书。

㈤清光绪年间（1875—1908年），目录学家缪荃孙发现了宋人俞鼎孙所编《儒学警悟》的明钞本，为世所罕见（缪荃孙：《艺风藏书续记》卷五《类书类》，一九〇一年至一九一一年刻本）。《四库提要》没有著录此书。此书编成于宋宁宗嘉泰二年（1202年），比《百川学海》早七十余年。《儒学警悟》共收书六种四十一卷，即汪应辰《石林燕语辨》十卷、程大昌《演繁露》六卷、马永卿《嫩真子录》五卷、程大昌《考古编》十卷、陈善《扪虱新话》上下集八卷和俞成《萤窗丛说》二卷。此书既合为统一编卷次序，另加命名；又有各书独立分卷，具有汇聚群书的意义。各书撰者都是宋人，所著内容兼包子史，主要是宋代典章制度、故事传说和人物琐事等，均为全面照录。此书成书时间早于《百川学海》。于

《百川学海》

《儒学警悟》

是，《儒家警悟》是我国最早的综合性丛书之说就相沿不改，成为比较一致的意见。此书经缪荃孙校雠，于一九二二年由藏书家陶湘刊印行世。

但从目录的著录情况看，其源起当在宋前。《四库提要》杂家类杂编之属按语云：

> 古无以数人之书合为一编，而别题以总名者。惟《隋志》载《地理书》一四九卷，《地记》二五二卷，是为丛书之祖。

按《隋志》史部地理类载《地理书》一四九卷注云：

> （齐）陆澄合《山海经》已来一百六十家，以为此书。

又著录《地记》二五二卷注云：

> 梁任昉增陆澄之书八十四家，以为此记。

如是，则丛书之起当在齐梁之际。《地记》、《地理书》可谓单种之地理丛书，只是今不见其书。

根据这些不同说法，并结合实际考察，可以对丛书的起源作如下综括性描述：丛书之体始于齐梁，丛书之名始见于唐《笠泽丛书》，而今存最早的综合性丛书为宋的《儒学警悟》。

丛书虽起源较早，但真正名实相符而有显著发展却在明清两代，如明代有：

㈠包罗四部的巨编：如《汉魏丛书》、《唐宋丛书》、《格致丛书》及《宝颜堂秘笈》等。

㈡专门性质的丛书：如《子汇》、《二十子》、《古今逸史》和《五朝小说》等。

㊂地方性丛书：天启时海盐令樊维城辑历朝乡人著述四十一种、六十五卷而成《盐邑志林》，为地方性丛书的始创。

明朝虽然出现许多不同类型的丛书，但不少明代人擅改文字的恶习也沾染到丛书所收的图书内容，如《稗海》中所收宋叶梦得的《岩下放言》一书，经节录后易题为郑景生的《蒙斋笔谈》，使撰者与书名都面目全非。《宝颜堂秘笈》收王楙《野客丛书》三十卷，删削精要，减为十二卷。当然，有些丛书还保证了一定的质量，如毛晋汲古阁所刻行的《津逮秘书》。

丛书到了清代，可称达到兴盛时期，不仅类型齐全，而且内容也更精粹。清代刊行丛书事业大抵清初开其端，乾嘉求其精，道咸增其类，晚清则专科丛书渐备。

清代丛书中专科与综合两方面都有显著的成就，专科性丛书按学科汇聚有关图书为一书而别标书名，如：

㊀经籍：《皇清经解》、《通志堂经解》。

㊁辑佚：《玉函山房辑佚书》、《汉学堂丛书》。

㊂考史：《广雅书局丛书》、《史学丛书》。

㊃舆地科技：《麓山精舍丛书》、《则古昔斋算学丛书》。

㊄词典：《彊村丛书》。

㊅目录：《玉简斋书目》。

㊆版本：《士礼居丛书》。

㊇校勘：《抱经堂丛书》。

这些专科丛书由于编纂者多是藏书家、校勘学家或是某一专门学科的专家，所以大都质量较高，颇便学者使用；但包罗宏富，能跨越前代，驰名中外的当推至今存世的大型综合性丛书《四库全书》。

《四库全书》是清乾隆时期由朝廷组织编撰的一部大丛书。它创议于乾隆三十七年（1772年），次年二月成立了"四库全书馆"，选拔知名学者入馆，在全国范围内广泛征求图书，更从《永乐大典》中辑录遗书。《四库全书》共收书三千四百六十一种，七万九千三百零九卷，分装三万六千三

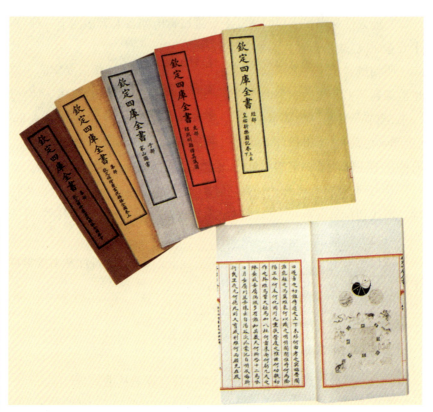

《钦定四库全书》

书文化九讲

百册。在开始编纂《四库全书》时,乾隆皇帝考虑到此丛书卷帙多、工程大,不易速成,便命令从全书中选择精华,另编一部《四库全书荟要》,共收书四百七十三种,一万九千九百三十卷,分装一万一千二百五十一册。

在《四库全书》馆开馆不久,为了贮存《四库全书》,决定建立北四阁——紫禁城的文渊阁、圆明园的文源阁、热河避暑山庄的文津阁和沈阳的文溯阁。乾隆三十九年(1774年)至四十一年(1776年),文津、文源、文渊三阁相继建成,文溯阁也于四十七年(1782年)建成。从四十四年至四十七年间(1779—1782年)又修建了江浙三阁——镇江金山寺的文宗阁、扬州大观堂的文汇阁和杭州西湖的文澜阁。南北七阁的建成和使用

《四库全书》

充实了东北、华北和东南地区的国家藏书,对保存和传播中国古代文化起到了重要作用。

　　与《四库全书》编纂同时开始的是全书的缮写工作,当时决定缮写八份《四库全书》和二份《四库全书荟要》。二者的总字数达八十多亿字。于是动用了三千多名书手,经过十五年,终于在乾隆五十二年(1787年)完成了缮写工作。《四库全书》八份分别贮存于七阁和翰林院;《荟要》二份一存内府御花园中摛藻堂,一置圆明园中的味腴书屋。

　　《四库全书》的编纂是清代前期由朝廷组织进行的一次空前规模的图书编纂活动。它对古代文化的保存和传播起到过重大的积极作用。它所采用的从《永乐大典》中辑佚和从民间征求遗书的活动,使《四库全书》的收书范围和图书质量超越前代,并使许多有极高文献价值的珍本秘籍呈现于社会,为后世学者研究古代政治、经济、科技、文化保存和提供了可贵的资料。《四库全书》的分散收藏，尤其是翰林院与江浙三阁的藏本向知识界开放，使学者有机会检读与使用，对推动乾嘉时期研究古代文化和整理古典文献热潮的兴起有着重要的作用，对中国传统文化的发扬和传递以及许多与整理文献相关的专门学科（目录、校勘、版本、考证、辑佚等）的兴起与建立都有一定的影响。

当然，清廷编纂《四库全书》的主要目的在于加强封建专制统治和民族压迫以及笼络和羁縻汉族知识分子，因此在求书、收书的范围与标准上都有很大的局限，几乎与收书量相等的三千多种图书遭到销毁的厄运；所收各书也有不少因触犯忌讳而被抽毁和篡改，加以书出众手，人员流品不齐，不负责任，致使该书的学术质量受到严重的影响。即使如此，我们也应承认《四库全书》终究是对中国传统文化和古典文献进行全面清理和总结后的产物。它是中国丛书编纂事业中的一项主要成就。

民国以来，丛书刊刻门类繁多，数量可观，仅商务印书馆一九四九年以前出版的古籍丛书就有四十三种之多。这些丛书的内容与范围都很广阔，有专科性与综合性的；有宋元以来的珍本秘笈和专家精校原刻的；也有精印罕见和实用普及的。其中以近代出版家、文献学家张元济亲自参

书文化九讲

《钦定四库全书荟要》

与辑印的《四部丛刊》、《续古逸丛书》、《百衲本二十四史》和《丛书集成》等四大丛书为著名。

《四部丛刊》是在一九一九年至一九二二年间完成辑印的一部大丛书。它汇集四部书三百二十三种，八千五百四十八卷。一九二六年重印时，序称《四部丛刊初编》，抽换了二十一种版本，并对一些书增写了校勘记，种数仍旧，而卷数增至八千五百七十三卷。《初编》底本网罗海内外善本佳刻，内而宋元明清，外而高丽、日本。一九三四年，又搜罗宋元精刻，印成《续编》，共收书八十一种，一千四百三十八卷。一九三六年续出《三编》共收书七十三种，一千九百一十卷。这些珍本秘笈的刊印为校勘旧籍提供了极大方便。

《续古逸丛书》是继原由清人黎庶昌校刻的《古逸丛书》而辑印的。它一变前书的影刻为影印，而且还照原书版式大小影印，共收书四十七种。

《百衲本二十四史》开始于一九三〇年，完成于一九三六年，分装八百二十册。它采用各种版本相互补缀而成，尽力恢复旧本原貌，以纠正殿本二十四史的缺乏，对史学研究作出了重大贡献。

《丛书集成初编》是一九三五年商务印书馆编审部按张元济氏所定计划辑印。它从数百部丛书中择优选取百部以集古今丛书大成。它共收自宋至清的综合性丛书八十种，专业性丛书十二种，地方性丛书八种。张氏更亲撰《丛书百部提要》附于《丛书集成初编目录》，逐书分述各书源流、内容与价值。百部丛书中含子书六千余种，剔重后存四千余种，大多重排断句。抗战前，实际出版三千余种。近年又发现未出版的纸型六百余种，即将完整地与读者见面。

在商务印书馆辑印《四部丛刊三编》后，中华书局又辑印了《四部备要》，收书三百三十六种，以仿宋字排印。它以实用为主而有别于《四部丛刊》的专求罕见。

民国时期所刊行的《四部丛刊》、《四部备要》和《丛书集成》三大丛书代表了当时编印丛书事业的发展水平，对研究和传递中国文化是一个重要贡献。

丛书数量既如此巨大，而其内容收罗比较宏富，涉及门类又比较广泛，所以必然地具有重要的参考使用价值。首先，一部丛书之中往往汇聚多种图书，这就可以免去学者寻求的烦劳，尤其在当前单刻本流传日稀的时候，设能庋藏若干部丛书，比求取单刻以丰富收藏方便多多。其次，凡典章制度、地方文献、科技、文化、社会风情以至轶闻逸事等等方面资料，常常能从丛书中得到多种同类图书，对了解某一问题和搜求有关资料提供了便利。第三，丛书中所收善本精刻则可供校勘坊本讹谬的需用。当然也必须注意到有些丛书在辑印时往往为追求种数或使所包含的子书间保持平衡而有所删削，反不若单刻的佳好。我们只要善于明辨使用，那是比较容易趋益避弊的。

丛书有重要参考使用价值，但因为它包罗群书，所包含的子书名目很难显露，所以不便检取。清朝嘉庆时人顾修首先发现这一阻碍，于是辑宋元以来二百六十种丛书目，编成《汇刻书目》十册，这是第一部丛书子目。其后陈光照有《续编》二册，朱学勤有《汇刻书目》二十册。李之鼎所编《增订丛书举要》是集前此各编的大成，收书达一千六百零五种。所有这些子目书都按分类排列。另有沈乾一辑的《丛书书目汇编》，收书两千零八十六种，改分类排列为书名字顺。但是，所有上述这些汇刊书目的一个共同缺点就是把子目列于丛书书名之后，只能用它检寻这部丛书收入多少书和收了什么书，而不能检寻某部书或某个人所著某书在哪部丛书中，使用非常不便。后来有人针对这种缺点各就所藏编制了子目索引，如一九三〇年至一九三五年间，金步瀛编制的《丛书子目索引》收书四百种，首创丛书子目索引，以丛书中子目为纲，下注著者及所属丛书名。清华大学图书馆编制的《丛书子目书名索引》收书一千二百七十五种，浙江图书馆编制的《丛书子目书名索引》收书四百九十六部，都是以丛书所包含的子目书名为纲，而附注所属丛书，从而使检用丛书中的子书感到方便。

书文化九讲

一九五九年出版的《中国丛书综录》吸取了旧时各种汇刻书目的长处并有所发展，成为检用丛书子目最佳工具书。这部综录集合了全国四十一个图书馆馆藏，共收书两千七百九十七处，它共分三册：第一册是丛书书名的《总目分类目录》，并附《全国四十一个主要图书馆收藏情况表》，可以反映所收丛书的内容及收藏处所；第二册为《子目分类目录》，计子目七万多条，三万八千八百九十一种，以子目为单位，按四部分类，部下析为类属，末附《别录》；第三册为《子目书名索引》和《子目著者索引》，使读者可从丛书名、子目书名、著作分类和著者姓名等任何方面检索所需图书。前此各种汇刻书目及子目索引基本上已可弃置不用了。

(三)类书与丛书的作用

类书与丛书的作用，其利有四：

㈠便省览：类书分类钞撮，丛书总聚众书，都涉及许多典籍，这样往往通过一两种类书或丛书可以接触到较多的书，了解到这些书的大致梗概和阅览到一部分书，免去聚书的繁杂，正所谓"一部之中，可该群籍"，极便读者之省览。

㈡利寻检：书籍浩瀚，寻检一事一书，茫然不知从何着手，寻检费时，徒耗光阴。而类书各有类别或字别，则从类从字，辗转稽求，不难得其本原。如温庭筠诗中有"婚乏阮修钱"，不知阮修是何人，此事出典，出何处？查《太平御览》卷五四一礼仪部婚姻条，载《晋书》卷四九曰：

> 阮修字宣子，居贫，年四十余，未有室。王敦等敛钱为婚，皆名士也。时慕之者，求入钱而不得。

又如有人问"断尽苏州刺史肠"一句是何人诗，查《佩文韵府》肠字即知是唐刘禹锡诗。

又如汉魏人著作可从《汉魏丛书》中找到一些。清人史学方面的著述可从《史学丛书》见到比较集中的一些。

㈢供采摭：有些类书的编撰就是为诗人墨客吟诗作文提供故实词藻的，所以往往可备采摭，如《太平御览》红字条不仅有"陈红"（《汉书》太仓之粟，陈陈相因，红腐而不可食）、"题红"（唐于祐红叶题诗见《太平广记》）、"万金红"（即胭脂，见《清异录》）等典故，还有与红对语的词藻为雪白（软红）、嫩绿（嫣红）、宫柳碧（苑花红）及与红有关的成句如"水盘荔枝红"、"一枝幅水则残红"等等。

㈣存佚遗：类书和丛书中往往保存了一部分已佚古籍的资料，清人的辑佚工作便是从中辑录，使后人能知古逸书的鳞爪，甚或概貌。其中《太平御览》存古佚书最富。如诸葛亮一些军事著作和条教已佚，但《太平御览》中保存了一部分，使后人能从中考知诸葛亮的政治、军事思想。又如《太平广记》所引多唐以前逸书，民国十二年（1923 年）北大研究所曾从中辑书四百余种。乾隆时纂《四库全书》时，曾从《永乐大典》中辑出佚书多种。

类书、丛书的作用大体如此，也有人提出可资考订的作用，但另有些学者则认为"类书引文实不可尽恃"（刘文典：《三馀札记》卷一，民国二十八年上海商务印书馆木活字本）；"据类书以改本书则通人之蔽"（朱一新：《无邪堂答问》卷二，光绪二十一年广雅书局刻本）。这是因为类书多陈陈相因。如：

> 宋之《太平御览》，实以前代《修文御览》、《艺文类聚》、《文思博要》诸书，参详条次，修纂而成。其引用书名，特因前代类书之旧，北宋初当有其书，陈振孙言之详矣。若《四民月令》一书，唐人避太宗讳，改民为人，《御览》亦竟仍而不改。书名若此，引文可知。隋、唐、宋诸类书引文并同者亦未可尽恃。讲校勘者，不可不察也。（刘文典：《三馀札记》卷一）

所以对于类书应注意：

首先，类书不是著作，只是钞纂，可作线索，应尽可能追寻原书，如原书已佚，不得已方用为凭借。

其次，不可以类书为据，乱改古书。

对于丛书则应注意有无芟削，如《小方壶斋舆地丛钞》多有删节，不可不慎！

结　语

　　图书虽承担着传递传统文化的重任，但随着历代社会政治动乱所造成的厄运而延缓其发展进程。这就是所谓的"书厄"。世皆以秦皇焚书为书厄之始，实则此前已有其事，《韩非子·和氏》已言："商君教孝公以连什伍，设告坐之过，焚诗书而明法令……孝公行之。"这一焚书事件发生在秦孝公三年（前359年），但《史记》的《商君列传》中无此记载，《韩非子集释》一书对此解释说："所燔之书不多，故史阙而不载耳。"秦始皇在统一后的第六年，采纳丞相李斯的建议："请史官非秦记皆烧之，非博士官所职，天下敢有藏诗、书、百家语者，悉诣守、尉杂烧之。"于是大量图籍被毁，造成中国图书史上的一次大灾难。以致司马迁在《史记·六国年表序》中深致感叹说："史记独藏周室，以故灭。"在《太史公自序》中又说："秦拨去古文，焚灭诗书，故明堂石室，金匮玉版，图籍散乱。"可见其毁坏的严重程度。两汉至魏晋南北朝，虽各朝多有求书之举，而战乱兵燹不断，致使图籍散乱毁损，于是隋牛弘乃有"图书五厄"之说：秦皇焚书为一厄；两汉之交，长安兵起，图书焚烬为二厄；董卓移都，西京大乱，图书幡荡为三厄；刘聪、石勒进兵京华，朝章国典，从而失坠为四厄；梁元自焚图书为五厄。至隋又有焚纬之事。谶纬之学，盛于六朝，几与经史并重，甚而为篡夺政权者所利用，刘宋始禁其事。及隋统一，文帝禁之愈切，而炀帝则大举焚纬，于大业元年（605年）"发使四出，搜天下书籍。与谶纬相涉者，皆焚之。为史所纠者,至死。自是无复其学,秘府之内,亦多散亡"。其所作为,几与秦皇相侔。传统文化的传承受到一定影响。唐宋以还,书籍数量大增,而兵乱范围益广,图书仍在不断遭受毁损,致使明胡应麟继牛弘之后而有"十厄"之论。他在《经籍会通一》综述其事说:

> 牛弘所论五厄,皆六代前事。隋开皇之盛极矣,未几皆烬于广陵。唐开元之盛极矣,俄顷悉灰于安史。肃代二宗,荐加鸠集,黄巢之乱复致荡然。宋世图史,一盛于庆历,再盛于宣和,而女真之祸成矣。三盛于淳熙,四盛于嘉定,而蒙古之师至矣。然则书自六朝之后,复有五厄:大业一也,天宝二也,广明三也,靖康四也,绍定五也,通前为十厄矣。(《少室山房笔丛》卷一)

清初以来,于图书之搜求、庋藏及编修颇为注重。至乾隆时,国家藏书比较丰富,传统文化称一时之盛。于是有纂修《四库全书》之议。《四库全书》的纂修,是结合当时正在进行的对明《永乐大典》的辑佚和大规模征求民间遗书的两项活动同时进行的。它前后共用了十五年时间,完成了一部前所未有的大丛书,共收书三千四百五十一种,七十九万三千零九卷,分装三万六千三百册,六千七百五十二函。这是中国传统文化发展到鼎盛时期的重大成果。它对古典文献的保存和流传起了重大的积极作用,各地藏书家累世珍藏的善本书和失传几百年而文献价值极高的珍本秘籍,都因此而化私为公,变零为整,并且进行了分门别类的系统整理。但是,这项工作是清朝作为思想文化统治手段进行的,因而使该书在收录范围和内容上都存在着严重的缺失。如借修书为名,查禁并销毁了大量具有民族、民主思想价值较高的书籍。据前人估计,修书期间被销毁的图书在三千种左右,几乎与收书量相等,再加以抽毁与窜改,以及执事人员的玩忽,不能不产生消极作用。所以《四库全书》的纂修对于传递中华传统文化应给以"功魁祸首"的评价。

近代以来，中华文化本应随着社会经济的发展而发展，但是，它和社会经济正常发展遭到扭曲和阻碍那样，也受到外来的灾患和内部纷乱所干扰。两次鸦片战争时期，英国侵略军的抢掠天一阁，英法联军的焚烧圆明园，以及民国时期连年的军阀混战，无不阻碍中华传统文化的正常发展与传递。特别是抗日战争时，日本军国主义者肆意毁灭中国文化，以战火、查禁和掠取等卑劣无耻的手段来摧残我国的文化宝藏。据蒋复聪的《最近中国图书事业之发展》一文的估计："七七战后，东南各省……图书损失在一千万册以上。而且损失的多是战前充实的图书馆。"皮哲燕在《中国图书馆史略》一文中估计，战前大学图书馆藏书约五百九十万册，抗战到一九三九年，损失图书二百八十余万册，以致使原来藏书充实的大学都无法满足教学与科研的需要，可见损失之惨重，而战败后的归还则寥寥无几。这是中国文化史上万万不可忘记的黑色数字。

近几十年来，虽然社会经济迅速恢复，文化事业得到重视，但是，传统文化没有受到正确的对待，作为载体的典籍相应地被漠视。直至"文化大革命"的浩劫，传统文化更遭到肆意歪曲与损害，旧籍丧失散乱。但由于各藏书单位采取种种迂回手段，如借造反组织封馆方式，尽力减少打砸抢的可能，缩小损失破坏的范围，在很大程度上保护了藏书。上世纪八十年代，政治步入正轨，经济获得发展，各项事业逐渐复生，传统文化获得正确适当的对待。随着善本书的再造和老资料的发掘，中华传统文化的传递脉络亟有条理的必要。为了适应读者需求，特以图书的发展历史为例，出以浅近文字，配以图片，撰写成书，希望能对了解传统文化的传承途径有所裨助。至于立意行文是否恰当，尚待读者评论。

二〇〇六年元旦完稿

图书在版编目（C I P）数据

书文化九讲／来新夏著. -- 太原：三晋出版社，
2012.2

ISBN 978-7-5457-0486-0

Ⅰ. ①书… Ⅱ. ①来… Ⅲ. ①古籍—中国—通俗读物
Ⅳ. ①Z422-49

中国版本图书馆 CIP 数据核字（2012）第 000332 号

书文化九讲

著　　者：	来新夏
责任编辑：	李永明
助理编辑：	薛勇强
出 版 者：	山西出版传媒集团·三晋出版社（原山西古籍出版社）
地　　址：	太原市建设南路 21 号
邮　　编：	030012
电　　话：	0351-4922268（发行中心）
	0351-4956036（综合办）
	0351-4922203（印制部）
E－mail：	sj@sxpmg.com
网　　址：	http://sjs.sxpmg.com
经 销 者：	新华书店
承 印 者：	山西三和印刷有限责任公司
开　　本：	787mm×960mm　1/16
印　　张：	12.5
字　　数：	150 千字
版　　次：	2012 年 2 月　第 1 版
印　　次：	2012 年 2 月　第 1 次印刷
书　　号：	ISBN 978-7-5457-0486-0
定　　价：	48.00 元